BRUNO MUGNAI - LUCA S. CRISTINI

L'ESERCITO IMPERIALE AL TEMPO DEL PRINCIPE EUGENIO DI SAVOIA 1690-1720. LA FANTERIA (2)

THE IMPERIAL ARMY IN THE AGE OF PRINCE EUGENE OF SAVOY - THE INFANTRY (2)

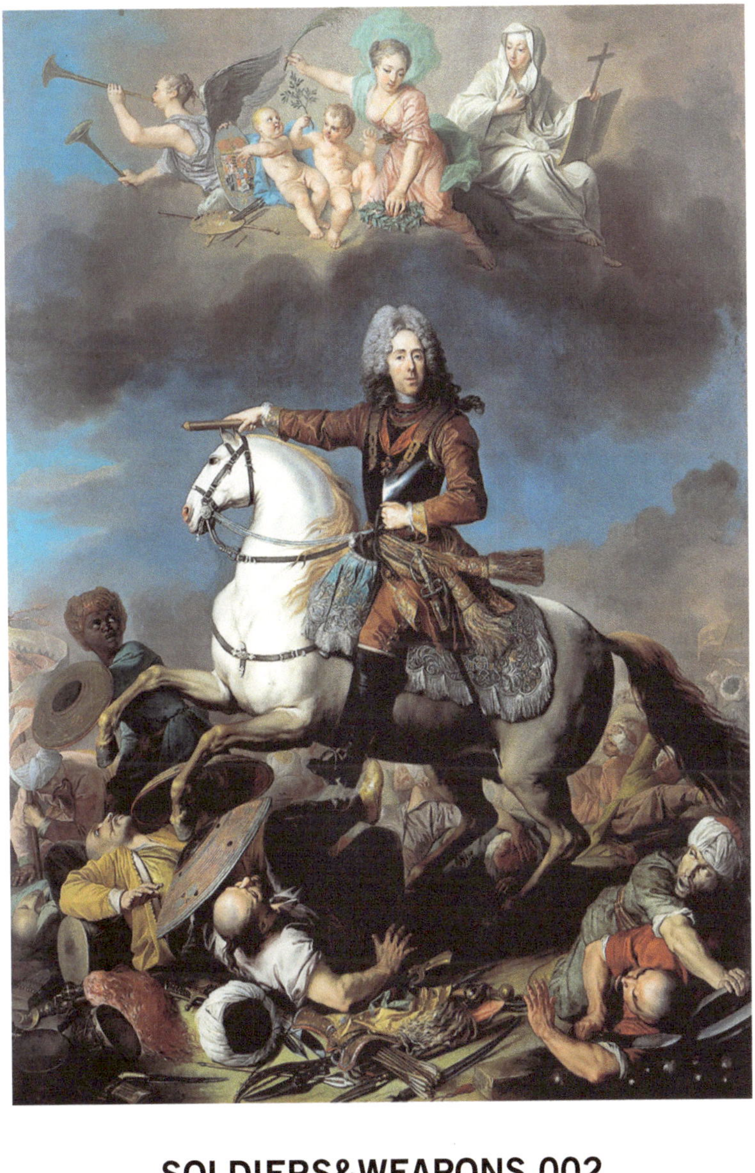

SOLDIERS&WEAPONS 002

SOLDIERSHOP
PUBLISHING

AUTORI - AUTHORS:

Bruno Mugnai è nato a Firenze nel 1962 e ci vive con Silvia, Chiara ed Eugenio. Appassionato di storia militare fin da giovanissimo, ha pubblicato due libri sull'esercito ottomano dal 1645 al 1718; è inoltre autore di saggi sulle campagne italiane della guerra di Successione Spagnola e di articoli di uniformologia e storia militare del Seicento e del Settecento. Ha pubblicato per l'Ufficio Storico dell'esercito italiano una monografia sulle istituzioni militari dello stato di Lucca nell'Ottocento e per lo stesso editore ha completato un analogo contributo sull'esercito del granducato di Toscana dal 1737 al 1799. Con Luca Cristini ha collaborato alle Illustrazioni dei due volumi dedicati alla guerra dei Trent'anni e alla realizzazione di diversi titoli della serie Soldiershop.

Luca Stefano Cristini, bergamasco, appassionato da sempre di storia militare. Dirige da diversi anni riviste nazionali specializzate di carattere storico uniformologico. Ha collaborato con l'editore Albertelli e De Agostini. Ha pubblicato un importante lavoro, su due tomi, dedicato alla guerra dei 30 anni (1618-1648) e uno studio in tre volumi sull'esercito imperiale nell'età di Eugenio di Savoia, scritto con B.Mugnai. Ha firmato molto titoli delle collane Soldiershop.

SOLDIERS&WEAPONS

La principale delle nostre collane di libri. Dedicata alla storia militare, alle uniformi e alle armi dei grandi eserciti del passato. Basata su testi di 68-80 pagine con diverse tavole a colori nelle pagine centrali e molte illustrazioni in b/n.

Italian language but all the note to images and central colour plates are also in English !

ISBN: 978-88-9327-102-8   1st edition: 2011 - Novembre 2011 2a ristampa - Febbraio 2016 3a ristampa
Title: Soldiers&Weapons 002 - L'esercito Imperiale al tempo del Principe Eugenio di Savoia 1690-1720. La Fanteria (2) di Bruno Mugnai e Luca Stefano Cristini.
Editor: Soldiershop publishing. Cover & Art Design: Luca S. Cristini. Illustrazioni a colori di Bruno Mugnai e Luca Cristini.

Printing by Createspace print on demand 2016

In copertina : **Fanteria Imperiale 1715-1720**
Cover: Imperial infantry 1715-1720.

PREFAZIONE

Quando Luca Cristini mi mise al corrente della sua intenzione di pubblicare il mio vecchio lavoro sull'esercito imperiale, confesso che fui preso da una certa angoscia. Quasi quattro lustri erano passati da quando avevo terminato quella ricerca e mi aspettavo di dover rimettere le mani su cose che ricordavo solo in parte, o addirittura dover riscrivere interi capitoli. Troppe le conclusioni affrettate, i giudizi superficiali e le convinzioni radicate che oggi - invece - mi sarebbero apparse quantomeno sotto un'altra luce, convinto che in venti anni si diventa tutti più bravi e più intelligenti.

Grazie all'ostinazione di Luca su questo progetto, mi sono però reso conto che, a parte alcune questioni ancora irrisolte, quella ricerca mostrava una coerenza apprezzabile e riusciva a fare luce su una delle realtà militari più complesse e intricate. Mi è allora tornato alla mente quanto scrisse Giuseppe Verdi quando si accinse alla revisione del suo Falstaff (… e scusate se è poco), e che nonostante condividesse solo in parte quanto precedentemente realizzato, decise di lasciare tutto così com'era. Se con il senno di poi oggi avrei fatto qualcosa di diverso, magari approfondendo maggiormente la presenza degli italiani nell'esercito imperiale, ho preferito lasciare tutto inalterato, quantomeno per la soddisfazione di rileggersi più giovani di venti anni. Mi auguro quindi che i lettori saranno indulgenti di fronte a qualche inevitabile caduta di tono, ma del resto è noto che un libro non si finisce mai di scriverlo.

Bruno Mugnai

INDICE - CONTENTS:

a Lucia

LAFANTERIADELL'IMPERATORE

Fino alla conclusione della guerra di successione spagnola l'Imperatore divideva le proprie truppe a piedi in due raggruppamenti, la fanteria tedesca e quella ungherese. Alla prima appartenevano i reggimenti formati con reclute provenienti dalle province dell'Impero e pertanto facevano parte di queste unità anche non Tedeschi, come Boemi, Moravi e Italiani delle contee della Carnia e del Tirolo. In modo analogo Croati e Slovacchi erano assimilati alla fanteria ungherese, poiché i loro territori appartenevano alla corona di Santo Stefano. Dopo il 1708 un terzo tipo fanteria comparve nell'esercito asburgico: la fanteria vallona, proveniente dai Paesi Bassi divenuti possedimento dell'Imperatore assieme al Lussemburgo. In origine questi reggimenti appartenevano al pretendente asburgico al trono di Spagna, l'arciduca Carlo, assieme alla fanteria reclutata dai suoi sostenitori negli ex possedimenti spagnoli in Italia e nella stessa Spagna, poi - con la pace di Rastatt (1714) e la rinuncia degli Asburgo a quel trono - i reggimenti italiani e spagnoli vennero unificati, mentre si continuò a distinguere la fanteria vallona in virtù del tradizionale prestigio goduto dai soldati dei Paesi Bassi fin dall'epoca di Carlo V. Di fatto, però, non esistevano motivi specifici per differenziare queste tipologie di fanteria da quella tedesca, addestrate ed equipaggiate in modi identico fra loro; ai contrario erano notevoli le diversità con la fanteria ungherese, che combatteva e vestiva secondo caratteristiche nazionali proprie.

La fanteria tedesca rappresentava sul finire del XVII secolo oltre il 95% del totale della forza appiedata; in essa era proibito l'arruolamento agli ebrei, agli zingari, ai turchi e ai francesi, sebbene riguardo questi ultimi, vi siano state delle significative eccezioni. Sulla provenienza delle reclute è possibile ipotizzare solo una ricostruzione parziale, poiché le prime statistiche di questo tipo furono intraprese soltanto in epoca teresiana (le più antiche risalgono al 1745). La percentuale degli stranieri, cioè dei non nativi delle province asburgiche, costituisce il dato più difficile da ricostruire, mentre la provenienza dalle regioni interne è conosciuta grazie alle quote di reclutamento che lo Hofkriegsrath assegnava anno per anno. E' ragionevole supporre che la presenza di questi stranieri non fosse molto differente da quella riscontrata nelle indagini di cinquanta anni più tardi. Oltre alle informazioni sull'origine sociale e la confessione religiosa, queste indagini ci rivelano la presenza di reclute provenienti in pratica da tutta Europa, quasi a riprodurre anche nei ranghi della truppa, quello che accadeva negli stati maggiori. Ad esempio, sui 110 uomini della compagnia dello Hauptmann Lodron, del reggimento Marschall (poi Inf. Regt Nr 18), gli stranieri erano 32, compresi un olandese e uno svizzero; nella compagnia granatieri del reggimento Macquire (poi Inf. Reg.t Nr. 46) vi erano anche polacchi, alsaziani, lorenesi, danesi, veneziani e fiorentini. Il dato più notevole

◄ **Il maresciallo francese** Tallard cade prigioniero del principe Eugenio al termine della battaglia di Blenheim-Höchstätt, in una incisione ottocentesca.

▼ **Musketier Gemeiner** del reggimento Guidobald Stahremberg, ca. 1704.

Musketier Gemeiner of Guidobald Stahremberg regiment, 1704 about.

non risiede tanto nella grande varietà di nazionalità presenti (caratteristica quasi naturale per un esercito che per sua stessa definizione era romano e imperiale), piuttosto per l'elevata percentuale riscontrata in tutti i casi documentati, quasi mai al di sotto del 15%. Preponderante era naturalmente la componente tedesca, in particolare quella proveniente dalle città libere della Svevia e della Franconia. La loro presenza era dovuta alla tradizione, sopravvissuta attraverso la guerra dei trent'anni, che concedeva a molti reggimenti la facoltà di reclutare al di fuori dei confini: all'inizio del XVIII secolo troviamo che il reggimento Mansfeld (7) arruolava in Assia e in altre località della Renania, mentre il reggimento Nikolaus Palffy (9) possedeva salvacondotti per reclutare in Sassonia e in Westfalia. La percentuale di questi 'stranieri' incrementò ancora dopo il 1704 quando, con l'occupazione dei domini del principe elettore di Baviera, molti ex soldati del disciolto esercito elettorale si arruolarono in quello asburgico. Questo fu il caso del reggimento De Wendt (42), completato nel 1706 con ex-soldati bavaresi e che in seguito continuò a reclutare a Monaco, dove si trovava di presidio, fino alla conclusione della guerra di Successione Spagnola. Un ultimo afflusso di stranieri giunse per effetto dei numerosi licenziamenti di truppe, avvenuti ad opera dei principi dell'Impero all'indomani della pace di Rastadt e Baden . Già a partire dal 1715 l'imperatore accolse molte di queste reclute in preparazione della imminente guerra contro la Porta. Dalla fine del secolo XVII, fino alla pace di Passarowitz, nel 1718, si ebbe un costante incremento del numero di fanti, nonostante il licenziamento di alcune unità fra il 1699 e il 1700, e la riduzione degli organici decisa nel 1704, la forza della fanteria di casa d'Austria passò dagli 80.000 uomini circa del 1702, agli 87.000 del 1710, fino a raggiungere le 110.000 unità nel 1717.

L'ARRUOLAMENTO.

L'arruolamento statale o *provinciale* era il metodo di reclutamento al quale si ricorreva con più frequenza, soprattutto per risparmio di tempo e di denaro che ne derivava rispetto all'arruolamento diretto eseguito dai singoli reggimenti. Attraverso l'ufficio del General Kriegs-Commissaer, lo Hofkriegsrath riceveva alla fine dell'autunno il totale del fabbisogno di reclute per i reggimenti. Questo numero veniva ripartito per le provincie e queste, attraverso le loro diete, dividevano le quote loro assegnate per ogni città e paese, fino al più piccolo villaggio. Il totale richiesto doveva essere sempre raggiunto, perciò se l'afflusso di volontari era insufficiente si ricorreva ad altri metodi. Il sistema per trovare reclute non era lo stesso in tutto lo Stato e qualche volta era differente anche da una città e l'altra; il più diffuso era quello del sorteggio, al quale erano iscritti tutti i sudditi maschi di età non inferiore ai 19 anni e non superiore ai 46. Le esclusioni erano numerose. Oltre alla nobiltà, la maggioranza dei possidenti di terre, o coloro che esercitavano attività commerciali al di sopra di un certo reddito, erano esclusi dalle liste di sorteggio, erano esentati anche i capi famiglia con prole numerosa e inoltre si poteva evitare la chiamata alle armi pagando un imposta, il cui importo variò più volte nel corso degli anni. Erano quindi gli appartenenti agli strati più poveri della società, contadini, artigiani salariati e altri lavoratori stagionali, quelli che affluivano in maggior numero nella fanteria. Mediamente, negli anni da noi esaminati, l'arruolamento statale coprì oltre il 65-70% del fabbisogno di reclute richieste e le province più popolose, Boemia, Slesia e Moravia, fornirono da sole oltre la metà di questa percentuale. L'arruolamento diretto era invece gestito dai reggimenti attraverso i propri ufficiali. Questi, al comando di una squadra composta solitamente da un sottufficiale, un musicante e due o tre soldati scelti fra i più rappresentativi, partivano alla volta delle piazze di arruolamento assegnate dallo Hofkriegsrath, o dalla tradizione del loro reggimento. Non erano rari i casi in cui il piccole drappello doveva percorrere miglia e miglia prima di giungere a destinazione, poiché, cose abbiamo accennato, alcuni reggimenti avevano il permesso di reclutare in località sparse per tutta la Germania. L'arruolamento negli Stati dell'Impero dipendeva naturalmente dal consenso del principe rispettivo, o dalle autorità municipali delle città libere. La concessione della patente d'arruolamento era spesso la causa di ritardi e delle più svariate difficoltà dovute alla mutevole situazione politica, ma nonostante tutto, questo metodo non venne mai abbandonato completamente. Si continuò cosi per tutto il XVIII secolo, preferendo lasciare la popolazione maschile dei territori asburgici interessata esclusivamente dal reclutamento statale. Le critiche nei confronti dell'arruolamento reggimentale crebbero nei primi anni del Settecento, sia per gli intralci politici che soprattutto per il ritardo col quale arrivavano i soldi degli ingaggi. Le squadre di reclutamento si trovavano spesso costrette a iniziare il lavoro nei primi mesi del nuovo anno, o addirittura a campagna già in corso. Al ritardo che le reclute accumulavano prima di arrivare ai reggimenti, si sommava il problema del poco tempo rimasto per l'addestramento di base. Per tutti questi motivi diventa comprensibile il motivo per cui i comandanti preferissero le reclute fornite dall'arruolamento provinciale; infatti queste, anche se meno motivate - perché messe assieme attraverso sorteggi e a volte con l'inganno - arrivavano sempre puntuali. Il malumore per i ritardi accumulati dall'arruolamento reggimentale divenne talmente forte che, nel 1705, lo Hofkriegsrath propose di togliere ai reggimenti l'assegno per il reclutamento. Alla fine si ricorse ad una riduzione delle trasferte oltre confine, limitandole alle province limitrofe al teatro delle operazioni. Per quanto riguarda la durata del servizio sotto le armi, questa veniva di solito stabilita al momento dell'arruolamento e poteva essere da minimo 5 anni a 'per la vita', oppure per la durata della guerra. Quest'ultima opzione era più spesso applicata ai sorteggiati del reclutamento statale. Confrontato con il metodo di reclutamento in uso presso il suo principale avversario, il Re Sole, quello del vecchio imperatore Leopoldo si dimostrava - come tante cose del suo regno - complicato e obsoleto. Infatti da tempo in Francia si colmavano parte dei vuoti con l'arruolamento diretto, mentre il grosso delle reclute giungeva dall'istituto della Milice, dove fra l'altro ricevevano già un addestramento di base.

▼ **Una scena di arruolamento** in una città della Germania del sud, agli inizi del XVIII secolo. Per evitare ripensamenti gli arruolatori festeggiavano con le nuove reclute l'ingresso nell'esercito. La spesa per il brindisi era sempre defalcata dal premio d'ingaggio della recluta, la quale spesso - come il personaggio in basso a sinistra – arrivava al reggimento con un forte mal di testa.

A scene of enlistment in a city in south Germany, at the beginnings of the XVIII century. To avoid regrets and afterthoughts, the team of enlisted soldiers celebrated with abundant drinking the entry of the new recruits into the regiment.

PREMIO D'INGAGGIO E COMPETENZE.

La Hofkammer aveva fissato nel 1696 da 45 a 51 Fiorini la spesa per l'arruolamento di una recluta di fanteria; con questa somma si dovevano coprire, oltre al premio destinato alla recluta, anche le spese per il mantenimento della squadra di arruolamento o l'imposta applicata

dalle province per l'arruolamento statale e il relativo sorteggio, il costo dell'uniforme e infine il mantenimento della recluta fino al suo arrivo al reggimento. A seguito della crisi economica abbattutasi sui paesi dell'Imperatore, si rese necessario nel 1702 ritoccare il premio d'ingaggio con un aumento di 9 Fiorini; si passava quindi dai 21 ai 30 Fiorini per i paesi asburgici, mentre il premio per l'arruolamento reggimentale raggiunse i 36 Fiorini. Anche il salario mensile del soldato aumentò, passando dai 7 Fiorini del 1696 ai 9 del 1702, infine si applicò anche un soprassoldo di due Groschen al giorno, a partire dal febbraio dello stesso anno.

Se confrontato con i salari del tempo, la paga del soldato non era delle peggiori. Nella Germania dei primi anni del XVIII secolo e del resto in tutta Europa, il costo del lavoro era bassissimo, tuttavia, per poter fare dei confronti, bisogna accontentarsi di alcuni esempi rapportati al costo di certi generi. Troviamo così che un barile di vino da 25 litri costava 5 Fiorini; una camicia - di semplice fattura - aveva un prezzo di uno o due Fiorini; stesso importo per un paio di scarpe. I prezzi variavano da un luogo all'altro, tuttavia tendevano a salire ovunque quando ci si imbatte ai generi di lusso: una parrucca costava 4 Fiorini; una camicia ricamata 5; una veste da camera arrivava fino a 8 Fiorini. Questi articoli non erano certo alla portata di un conduttore di carri, che guadagnava 73 Fiorini l'anno, o di un manovale edile con 80, così come di un cocchiere, che raggiungeva uno stipendio di 164 Fiorini. Il mestiere di soldato, però, offriva possibilità di arricchimento che queste occupazioni non garantivano: i tesori custoditi nelle città espugnate o quelli appartenuti a un'armata sconfitta, erano argomenti che tutte le squadre di arruolamento non mancavano mai di ricordare nelle loro trasferte; in più la promessa dell'indulgenza plenaria per tutti coloro che avrebbero combattuto contro gli ottomani, rappresentava un ulteriore motivo per convincere le reclute.

▲ **L'Assedio di Belgrado del 1717** ebbe luogo nel corso della guerra che vide opposti gli imperiali, alleati con Venezia, contro i turchi. In seguito alla vittoria di Eugenio di Savoia a Peterwardein e la conquista di Temesvar nel 1716, il conflitto si concluse dopo la conquista della città serba con il trattato di Passarowitz (1718).

Battle and siege of Belgrade(1717). In August the Austrians, commanded by Eugène of Savoy defeated the Turkish army who lost around 15, 000 men. Belgrade surrendered on 21 August, clearing the way for the Treaty of Passarowitz (21 July 1718).

LA COMPOSIZIONE DELLA FANTERIA.

Le specialità dei combattenti della fanteria tedesca erano quelle comuni anche agli altri eserciti europei del periodo: *Musketier* (moschettiere o fuciliere), *Grenadier* (granatiere) e *Pikenier* (picchiere). Questi termini avevano ormai sostituito l'appellativo generico di *Fussknecht*, col quale nel seicento si indicava il soldato a piedi. Sul finire del XVII secolo la struttura della fanteria si stava rapidamente modificando con la progressiva scomparsa dei picchieri. Nonostante il Montecuccoli avesse definito la picca 'arma regina', già a partire dall'ultimo ventennio del Seicento la percentuale media di picchieri era diminuita dal 30% al 20%; inoltre a partire dal 1689 tutta la fanteria che si trovava in Ungheria aveva riconvertito i picchieri in moschettieri. Per molti anni ancora vi fu in Austria una certa resistenza se abbandonare o meno l'uso di quest'arma, tanto che in molti reggimenti si continuarono ad insegnare le mozioni di combattimento con la picca fino all'inizio del XVIII secolo e del resto da alcuni inventari reggimentali la picca scomparve solo dopo il 1705. Oltre al fascino di aulica classicità che gli era conferita dall'arma, il picchiere era a tutti gli effetti un soldato di èlite, le sue competenze erano superiori a quelle del moschettiere e nei primi anni del 1700 era ancora previsto un soprassoldo di un Fiorino e mezzo. Anche i granatieri percepivano un soldo superiore rispetto agli altri combattenti e normalmente, prima di accedere a quel rango, tutti avevano svolto il loro apprendistato come moschettieri; proprio per questo era consuetudine che l'addestramento delle reclute comprendesse anche le mozioni elementari del granatiere, in modo da poter rimpiazzare rapidamente i posti vacanti. L'introduzione dei granatieri nell' esercito dell'imperatore non è documentata chiaramente. A partire dal 1670 in alcuni reggimenti erano stati creati manipoli di soldati addestrati a compiere speciali operazioni, come l'assalto a posizioni fortificate e il lancio di ordigni esplosivi maneschi. Ben riconoscibili grazie ai caratteristici berrettoni di pelliccia di orso, i granatieri venivano scelti per la loro prestanza fisica e, soprattutto, per la disciplina, sangue freddo e maturità; era infatti piuttosto raro incontrare un granatiere di età inferiore ai trentacinque anni. Il moschettiere completava le diverse specialità combattenti della fanteria tedesca, di cui ne costituiva la componente di base. All'interno di queste tipologie vi erano poi membri specializzati con funzioni operative caratteristiche, quali gli *Spielleuten* (musicanti), oppure amministrativa come i *Fourier* (furieri) e i *Muster-Schreiber* (scrivani). I musicanti erano arruolati come apprendisti e scelti direttamente dagli capitani delle compagnie, per i quali spesso dovevano espletare anche piccoli servizi. Nella fanteria imperiale gli strumenti impiegati erano gli stessi in usa alla maggioranza degli eserciti europei, ovvero il tamburo e il flauto traverso, quasi sempre soprano oppure discanto, comunemente detto *Pfeiffer*. In un esercito come quello asburgico ci sarebbe da attendersi uno stato della musica particolarmente elevato, vista la passione per questa arte degli imperatori Leopoldo I e il di lui figlio Giuseppe, e in effetti le musiche delle bande imperiali erano molto belle e varie. L'istruzione dei musicisti era affidata al *Tambour Major*, solitamente stipendiato direttamente dal comandante del reggimento; costui doveva insegnare i suoni degli eserciti nemici e anche la preparazione delle pelli per i tamburi. Non era raro il caso che il tamburo maggiore fosse impiegato come parlamentare con il nemico e per questo motivo la sua autorità era paragonabile a quella di un ufficiale inferiore. Fra gli altri appartenenti ai ruoli operativi vi erano i *Feldscherer*, incaricati del servizio sanitario; quanto la loro conoscenza della medicina fosse approfondita è intuibile dalla mansione che dovevano espletare almeno una volta alla settimana, cioè la rasatura dei soldati. Ogni Feldscherer era coadiuvato da due sottoposti che avevano le funzioni di barellieri. Di recente introduzione nella fanteria imperiale vi erano gli *Zimmermann*, ovvero carpentieri o zappatori, adibiti agli incarichi classici del guastatore, ma scelti anche per la loro capacità di realizzare piccoli lavori di falegnameria o di edilizia. Un'altro artigiano della fanteria era il *Büchsenmeister* (fabbro), incaricato dei lavori di riparazione delle armi e di tutti i lavori in cui si richiedeva la lavorazione dei metalli; mentre gli *Zimmermann* potevano partecipare ai combattimenti, il fabbro era invece dispensato da ogni incarico di servizio armato.

Presenti esclusivamente nella fanteria e adibiti alla scorta personale degli ufficiali, i *Fourierschützen* erano una sorta di polizia militare interna. La nomina a quell'incarico rappresentava tuttavia un avanzamento nella scala gerarchica, infatti venivano prescelti i soldati più meritevoli, che ricevevano così un apprendistato per il grado di sottufficiale. L'originaria funzione di guardie personali degli ufficiali, ma solo nella fanteria, si riscontrava dal fatto che il numero dei *Fourierschützen* veniva calcolato in base a quello dei capitani, dei tenenti e talvolta anche degli alfieri. Sempre soltanto nella fanteria, e limitatamente nelle compagnie moschettieri, vi erano i *Gefreiter* (esenti). Si trattava di anziani soldati che per scarsa istruzione non avevano potuto salire la scala gerarchica, ma per la loro esperienza erano adibiti a incarichi di responsabilità e di assistenza al lavoro dei sottufficiali. In altri casi si trattava di volontari di buona famiglia, che accettavano quel grado in attesa si liberasse un posto di ufficiale inferiore; in entrambi i casi esisteva la dispensa - ovvero l'esenzione - dalle mansioni faticose e, per i volontari, anche dalle punizioni corporali. Ogni reggimento aveva un carro per i cavalli di Frisia per ogni battaglione che formava, più altre vetture per le tende, poi aggregate dal 1703 al resto del treno d'armata. Il personale conduttori era iscritto al reggimento, ma il loro numero era variabile poiché, per il trasporto dei bagagli degli ufficiali, si aggiungeva un numero di carri sempre diverso. Per evitare l'ingrossarsi a dismisura del traino di un'armata, fu stabilito fino a un massimo di 43 il numero dei veicoli privati di ogni reggimento; poi, nel 1701, con l'aumento del numero delle compagnie il totale fu portato a 58. Le compagnie, ad esclusione di quella dei Granatieri, avevano anche un carro di provianda e uno dei vivandieri; il numero dei conducenti si calcolava su quello degli animali da tiro, nella proporzione di un conducente ogni due animali.

Il furiere era l'incaricato amministrativo di base dell'esercito, doveva sovrintendere al controllo delle voci dei consumi e dell'equipaggiamento quali l'uniforme e l'armamento, il pane, il foraggio ecc. Lavorava spesso in coppia con il Musterschreiber, che sotto la sorveglianza del comandante della compagnia, registrava tutte le voci sul 'libro del ruolo'. Quasi mai menzionato, ma sempre presente, vi era infine un ultimo personaggio con un particolare incarico 'amministrativo', il Boia. Costui si occupava dell'applicazione delle punizioni per reati più disonorevoli. Per la mentalità dell'epoca era infatti ritenuta preferibile una pena inflitta dai propri compagni d'arme a quella comminata dal Boia, poiché

▼ **Guidobald von Stahremberg** (1657-1737) fu uno dei migliori comandanti imperiali nella guerra contro la Francia del 1701-1714. Prima di essere nominato comandante in capo dell'armata di Spagna, lo Stahremberg, fu per molti anni agli ordini del principe Eugenio.

Guidobald Rüdiger, count of Starhemberg; (1657-1737) was a good Austrian military officer. In the War of the Spanish Succession Starhemberg fought in Italy and Spain. Between 1706 and 1708 he was the commander-in-chief of the imperial army in Hungary, since this time he led the operations against the insurgents of Francis II Rákóczy. In 1708 he was appointed Supreme commander of the Austrians in Spain.

questa rendeva istantaneamente 'infame' il condannato e lo privava di ogni diritto e onore. Il carnefice infiggeva la morte o la tortura attraverso un campionario impressionante di tormenti, che andavano dal taglio del naso o degli orecchi, alla decapitazione o il supplizio della ruota. Nell'esercito imperiale la pena capitale più comune per i reati infamanti era l'impiccagione.

Tutti i membri del reggimento erano ripartiti nel *Regiments Stab* grande e piccolo, o nella *Primaplana* e nei ranghi dei comuni.

LA FANTERIA UNGHERESE

Nei reggimenti ungheresi vi era una sola specialità combattente, lo *Hajduck*. All'interno delle compagnie ritroviamo gli stessi incarichi amministrativi e operativi visti in precedenza nella fanteria tedesca, fatta eccezione per l'assenza degli Zimmermann e dei Fourierschutzen, e per la differente struttura del corpo dei musicanti, che usava gli strumenti tradizionali quali il *Tàrogàto* (il flauto da guerra), al posto di quello traverso, e il tamburo, che aveva dimensioni più modeste. Il termine Hajduck derivava della milizia originaria della regione ungherese di Hajdu, dove cinque cittadine erano denominate 'città aiducche' e alle quali si attribuiva l'origine di tale fanteria. Le reclute destinate a questi reggimenti ricevevano premi d'ingaggio e salari più bassi rispetto ai loro colleghi tedeschi; erano infatti considerati soldati semi-regolari e perciò con requisiti professionali inferiori e per questo motivo subirono più volte riduzioni e licenziamenti, in quanto era consuetudine arruolare questi corpi solo per la durata della guerra o di una campagna. Fino al 1699, anno della pace di Carlowitz, l'imperatore manteneva in assetto di guerra circa duemila *Hajducken*, riuniti in due reggimenti e impiegati in Ungheria contro il loro tradizionale nemico, i turchi ottomani. In quello stesso anno entrambi i reggimenti furono licenziati, quindi due anni dopo - quasi in via sperimentale - venne decisa la creazione di tre reggimenti da inviare all'armata d'Italia; una quarta unità, composta da reclute croate, fu allestita nell'ottobre del 1702, ma il suo organico doveva risultare di sole sei compagnie, ragione per cui il reparto prese la denominazione *Mallenich Bataillon*. Durante la guerra per la successione al trono spagnolo l'afflusso di reclute provenienti dall' Ungheria subì una drastica diminuzione, a causa della sanguinosa ribellione che infuriò per tutto il paese dal 1703 al 1711. Fu così che molti dei rimpiazzi destinati a questi reggimenti provenivano esclusivamente dalla Croazia, dala Slovacchia e dalle poche province ungheresi rimaste fedeli agli Asburgo. Nell'inverno 1710-11 anche quelle poche reclute raccolte furono trattenute nel paese, a causa della peste che si era abbattuta sull'Ungheria. Nonostante le vicissitudini attraversate e il parere negativo del principe Eugenio su questa fanteria, un reggimento di *Hajducken* rimase in servizio per tutta la durata della guerra, gettando le basi della lunga tradizione della fanteria ungherese nell'esercito degli imperatori d'Asburgo.

LE FREI-KOMPANIEN

A metà strada fra la fanteria tedesca e quella semi-regolare esistevano le *Frei-Kompanien*, istituite nel 1675 con funzioni di guarnigione per i piccoli presidi, così da permettere la disponibilità di tutta la fanteria per le operazioni campali. Queste unità erano formate in massima parte da ufficiali e soldati anziani o non più abili al servizio in campagna. Dato che si trattava di mansioni di tutto riposo, l'essere assegnati a queste compagnie, veniva considerato come un premio. I componenti erano autorizzati a svolgere anche altre occupazioni e per questo motivo il salario di base era molto più basso di quello percepito dalle reclute dell'armata campale. L'efficienza di questi reparti, per mancanza di attività e per il rilassamento della disciplina, non fu mai elevato, tanto che alla fine del secolo, negli stati della forza disponibile, gli effettivi numerici delle Frei-Kompanien non venivano neppure presi in considerazione. Nel 1700 si procedette perciò ad una riorganizzazione di queste unità, che ridusse il numero degli uomini da 5.212 a 3.756, tutti dislocati sul confine orientale dell'Ungheria, della Moravia e della Slesia. Durante l'insurrezione ungherese del 1703 quasi tutte le compagnie assegnate a quel teatro furono distrutte, disarmate o disertarono ai ribelli, quelle ancora in servizio furono definitivamente licenziate nel 1706.

LA FANTERIA NOLEGGIATA

Oltre alla fanteria proveniente dai paesi dell'imperatore e che può essere considerata come la vera e propria milizia statale, gli Asburgo mantennero al loro servizio anche alcuni reggimenti svizzeri. Una prima unità elvetica era stata reclutata nel 1696, ma era stata licenziata dopo soli tre anni; poi - con lo scoppio della guerra per l'eredità spagnola - l'imperatore ricorse di nuovo ai cantoni per reclutare nel Bernese, a Lucerna e a Zurigo due reggimenti di fanteria, per complessivi 4.320 uomini. Per tutta la durata della guerra gli svizzeri furono assegnati di guarnigione nelle fortezze di Freiburg e di Costanza. Il loro stato di servizio non fu particolarmente brillante, diserzioni e riduzioni di forza - nel 1706 entrambi i reggimenti furono ridotti della metà dell'organico - funestarono la vita di queste unità, del resto il ritardo cronico con il quale ricevevano le paghe non contribuiva a mantenere alto il loro morale . Durante l'assedio di Freiburg del 1713 uno di questi reggimenti combatté però con eccezionale accanimento, tanto da ricevere l'onere delle armi assieme al resto della guarnigione e la menzione speciale dell'Imperatore Carlo VI.

Bisogna infine ricordare che per tutta la durata della guerra di successione spagnola, l'imperatore mantenne in servizio una forza media di quasi 15.000 fanti, noleggiati ai principi dell'Impero, come i reggimenti del vescovo di Wurzburg, quelli del duca di Wurttemberg, dell'elettore del Palatinato e del Re di Polonia-Sassonia. Infine vi furono i 6.000 Prussiani che combatterono in Italia durante le campagne dal 1706 e nel breve conflitto con il Papa del 1708. Anche il re di Danimarca noleggiò all'Imperatore quasi 5.000 soldati di fanteria, impiegati fino al 1704 in Italia settentrionale e poi in Ungheria fino al 1709 contro la ribellione guidata dal principe Rackozy.

La presenza di queste unità non era molto gradita dal resto della fanteria; gli stati maggiori erano appesantiti da macroscopici staff di commissari, aggregati al solo scopo di vigilare che tutti gli accordi relativi al trattamento e alle competenze fossero rispettati. Per questo motivo, anche nelle condizioni precarie, erano i soldati stranieri quelli che ricevevano il trattamento migliore e questo causava forti risentimenti nel resto dell'esercito.

LO STATO MAGGIORE REGGIMENTALE

Il reggimento era diventato ormai da tempo l'unità amministrativa fondamentale dell'esercito e per molti aspetti la sua struttura e i metodi di conduzione erano simili a quelli di un'azienda. La suddivisione in compagnie faceva parte della prassi con la quale si regolavano gli affari amministrativi del reggimento, mentre sul campo di battaglia erano ormai divenuti familiari i termini tattici quali *Bataillon*, *Division*, *Fluegel*, *Zug* e via di seguito. La gerarchia interna aveva già adottato una terminologia che in seguito si sarebbe affermata definitivamente e aveva fatto scomparire dal suo interno tutte le cariche d'onore e le qualifiche particolari retaggio del passato.

GLI OBRIST INHABER

Fra un reggimento e l'altro non sussistevano differenze di rango e solo occasionalmente si prendeva in considerazione l'anzianità, ma unicamente per stabilire la posizione dell'unità durante le rassegne di presentazione o nell'ordine di marcia. Contrariamente alla quasi totalità degli eserciti europei, gli

Asburgo non possedevano alcuna unità di fanteria della guardia, ogni reggimento apparteneva al rispettivo *Obrist-Inhaber* (Colonnello Proprietario), designato dall'Imperatore attraverso lo Hofkriegsrath, che rilasciava un attestato di nomina detto 'patente di obbedienza'. Il reggimento veniva indicato col nome della casata del proprietario, oppure di una sua carica gentilizia, come ad esempio per il reggimento del *Rheingraf* conte Sals-Neufville (21). Quando due Inhaber provenivano dalla medesima famiglia, l'unità appartenente al colonnello con maggiore anzianità di servizio aggiungeva al nome l'aggettivo *Alt*, mentre l'altro era preceduto da *Jung*. Vi erano poi i casi di quegli ufficiali che ricoprivano il grado di colonnello proprietario di due reggimenti contemporaneamente, come ad esempio il margravio di Baden-Baden e il conte di Furstenberg-Moesskirck, colonnelli di fanteria nell'esercito dell'imperatore e nel circolo di Svevia; in questo caso, nell'ordine di battaglia, le due unità erano distinte dall'aggettivo *kaiserlich* o *schwaebisch*.

Rispetto ad altri eserciti europei, dove fra gli Obrist Inhaber vi erano adolescenti - anche di sesso femminile - appartenenti alle famiglie dell'alta aristocrazia, in quello imperiale le nomine encomiastiche erano quasi del tutto scomparse. Su cento e oltre colonnelli di fanteria avvicendatisi dal 1695 al 1715, solo due - il principe-vescovo di Osnabruck e il gran maestro dell'Ordine dei Cavalieri Teutonici - non avevano mai ricoperto incarichi nell'esercito e il grado di colonnello era un atto dovuto esclusivamente alla loro dignità di principi immediati dell'Impero.

Era dai tempi del generalissimo Raimondo Montecuccoli che al grado di colonnello accedevano ormai solo i professionisti. La maggior parte proveniva dai ranghi degli ufficiali subalterni, altri ancora erano entrati giovanissimi in fanteria col grado di alfiere o di tenente; inoltre quasi tutti gli Obrist Inhaber prestavano servizio in qualche dipartimento dell'esercito, oppure facevano parte dello stato maggiore di un'armata. La maggior parte dei colonnelli della fanteria apparteneva alla media e piccola nobiltà rurale, o

◀ **Granatiere di un reggimento** di fanteria tedesca, ca. 1706. L'illustrazione mostra in maniera abbastanza fedele l'equipaggiamento e gli accessori dell'uniforme, quale il *Pelzmütze*, ma è poco credibile per quanto riguarda l'ampiezza dei paramani e la lunghezza del *Rock*. Illustrazione da AA.VV. Geschichte des Österreichisches Heer, Vienna, 1880.

Grenadier of a Deutsch regiment infantry 1706 about. Illustration from AA.VV. Geschichte of the Österreichisches Heer, Vienna,.

◀◀ **Tamburo di fanteria** dei primi anni del Settecento.

Infantry drum of first years of XVIII century.

a quella che si era nobilitata proprio attraverso il mestiere delle armi; fra questi erano numerosi gli ufficiali di origine italiana e irlandese, questi ultimi ben rappresentati dalla famiglia dei conti Taaffe, al servizio dell'imperatore dal XVI secolo. Vere e proprie dinastie di soldati erano anche quelle dei Daun e la più famosa fra tutte, le casata dei conti Starhemberg, che schierò nel 1715 ben tre Obrist Inhaber. Normalmente il possesso di un reggimento assicurava una buona fonte di reddito, ma verso la fine del XVII secolo e l'inizio del XVIII, senza un robusto sostegno economico alle spalle poteva rivelarsi assai problematico mantenersi in quell'incarico. Quando poi, oltre alla patente di proprietario, veniva concessa l'autorizzazione alla creazione di un nuovo reggimento, non era raro il caso in cui il candidato doveva esporsi finanziariamente e operare un vero e proprio investimento a rischio. Nel 1698 troviamo protagonista il colonnello di nuova nomina, il conte Sebastian von Thurheim, nella stipula di un contratto per la formazione di un reggimento di fanteria. Il conte si impegnava a pagare di tasca propria la somma di 15.000 Fiorini, necessaria per reclutare sei compagnie, '...di cui due da arruolarsi al più presto, secondo la promessa fatta e ad anticipare il denaro per l' acquisto delle vetture e di altro materiale, comprese la bandiere e gli spuntoni per i cavalli di Frisia'. Le armi e l'equipaggiamento erano la sola cosa fornita dall'Imperatore, che tuttavia in chiusura del contratto si impegnava '...ad avere una singolare reflexion...per questo reggimento, nel caso si venisse ad una riforma o riduzione', a testimoniare come l'esposizione finanziaria richiedesse comunque una qualche garanzia. Il contratto ci informa su altri importanti dettagli circa il modo di formare nuove unità. Assieme alle sei compagnie che doveva arruolare il conte Thurheim, altre sei provenivano dal reggimento Metternich, così da assicurare la presenza di un nucleo di veterani. Ma molto raramente lo Obrist-Inhaber era anche il comandante effettivo del proprio reggimento, più spesso veniva nominato un *Obrist-Kommandant* che fungeva da vicario del proprietario legittimo.

Alla base dell'ordinamento militare che regolava i compiti specifici degli Inhaber e le norme di servizio dei reggimenti, esistevano i *Kriegs-Articel*, emanati nel 1688 dall'Imperatore Leopoldo I, derivati dagli antichi diplomi cavallereschi di Massimiliano I. Mediante le *Verpflegs-Ordonnanz* del 1696 e del 1697 furono regolamentate anche le questioni disciplinari e dell'esercizio del potere giuridico all'interno dei corpi. Queste ordinanze riconoscevano ai colonnelli proprietari della fanteria (e anche dei Dragoni e degli Ussari), lo 'Jus gladi et aggratiandi' ovvero la facoltà di istituire il tribunale di guerra per tutti gli appartenenti al reggimento. La giurisdizione degli Inhaber si estendeva fino alla concessione dei permessi di matrimonio e delle licenze; a loro spettava anche una parte delle proprietà degli ufficiali morti senza eredi, ma in seguito questo diritto venne sostituito da uno più simbolico, che permetteva di trattenere il miglior cavallo del defunto. Il colonnello proprietario era naturalmente il responsabile della condotta della propria unita e sempre a lui spettava la scelta del colore dell'uniforme, delle bandiere e

► frontespizio del regolamento scritto dal conte di Regal per il proprio reggimento. Per il suo valore pratico teorico, quest' opera venne presa a modello anche in altri lavori analoghi, come dimostrato dalla dedica che appare su questa ristampa del 1739, dedicata al Re di Polonia ed Elettore di Sassonia per l'addestramento delle propria fanteria.

The military rule book written by the count of Regal for his own regiment. For his theoretical practical value, this work was also taken as a model in other analogous jobs, as evident by the dedications which appear in the 1739 reprint, devoted to the King of Poland and Elector of Saxony for the training

delle livree dei musicanti. Ma la più importante funzione svolta dai colonnelli era quella riguardante l'addestramento e l'insegnamento delle dottrine tattiche da impartire agli ufficiali. Sul finire del XVII secolo le differenze che ancora esistevano riguardo l'addestramento fra un reggimento e l'altro erano già molto diminuite. Il processo di razionalizzazione e di unificazione delle principali norme di servizio era già iniziato sotto Montecuccoli ed era proseguito per opera del duca Carlo di Lorena e del principe di Croy. A partire dalla fine del XVII secolo si diffuse fra i comandanti dei reggimenti l'uso di compilare dei regolamenti destinati agli ufficiali subalterni. La maggior parte di questi lavori è incentrata sulle regole disciplinari o sulle mansioni dei membri del reggimento e il loro valore documentario non sempre è molto elevato, tuttavia in almeno due casi, in virtù dell'eccezionale qualità del testo e per la quantità di informazioni che contengono, ci troviamo di fronte a due fra i più ragguardevoli documenti sulla vita militare di quel tempo, ovvero il 'Reglement uber ein kaiserliches Regiment zu Fuss' del conte Maximilian Ludwig von Regal, e lo 'Exercitum des loblichen General Graf Wallisschen Regiment zu Fuss' del conte Georg Oliver von Wallis. Quest'ultimo fu compilato in Italia attorno al 1705 e parla diffusamente delle norme interne e delle dottrine tattiche di combattimento. Si tratta di un testo scritto in un linguaggio particolarmente colorito e molte delle riflessioni contenute dimostrano un ingegno pratico e un anticonformismo poco comune per la mentalità dell'epoca. L'altro regolamento, scritto attorno al 1710-15, è assai più raffinato e completo. Il conte von Regal, che ebbe la fortuna di conoscere i migliori capitani imperiali di quegli anni, si arruolò volontario nel reggimento Guidobald Starhemberg nel 1686, raggiungendo il grado di *Hauptmann* e il comando di una compagnia nel 1695. Regal combatté in Ungheria sotto il duca Carlo di Lorena, il margravio del Baden e infine il principe Eugenio; nel 1705 ricevette la patente di Obrist Inhaber, dopo essere stato comandante effettivo del reggimento Jung-Daun fin dai primi anni della guerra di Successione Spagnola. Durante le campagne in Italia il conte elaborò le 362 pagine di cui si compone il regolamento, ma si dovette però attendere fino al 1720 per poter valutare pienamente l'importanza delle riflessioni e dei suggerimenti del Regal. In quell'anno, infatti, apparve la prima edizione a stampa. L'autore non conobbe l'onore riservato alla sua opera, poiché perse la vita il 12 agosto 1717, in seguito alle ferite riportate nel bombardamento turco, al campo imperiale, durante l'assedio di Belgrado. Regal dedica una buona parte della nota introduttiva del regolamento alla necessità di unificare le norme di comando: 'L'esperienza... insegna che quanti sono i comandanti, altrettanti sono gli ordini emanati. Tutti questi ordini confondono i subalterni tanto che non riconoscono quale sia quello giusto e conveniente.' Nel Reglement viene trattato ogni aspetto della conduzione di un reggimento di fanteria: vi sono accenni sul modo migliore di formare la ronde di guardia notturne; su come disporre le sentinelle e in che modo comunicare efficacemente un ordine durante un combattimento; evitare tutte le inutili perdite di tempo. E' ragionevole supporre che la maggior parte delle norme contenute nel regolamento fosse più o meno adottata dagli altri reggimenti dell'armata d'Italia, ma quel sentimento di gelosa autonomia che contraddistingueva l'operato di ogni Obrist Inhaber era salvaguardato in maniera abbastanza esplicita anche dal conte: '...se un generale ordina qualcosa di contrario, che non sia comunque in totale contraddizione coi privilegi del reggimento, lo si deve osservare, ma fino a che resta al comando quel generale'. La successione al grado di Obrist Inhaber avveniva spesso con la rinuncia da parte del proprietario per sopraggiunti limiti di età, oppure per esiti di combattimento o di radiazione, ma dal 1697 al 1718 furono soltanto due i casi di espulsione che videro coinvolti degli Obrist Inhaber di fanteria. Più numerosi furono gli avvicendamenti dovuti alle perdite in combattimento: nel corso della campagne per la successione spagnola e nella guerra contro La Porta del 1716-18, dieci colonnelli, compresi i comandanti effettivi, caddero in combattimento e altri otto abbandonarono il comando per le gravi ferite riportate in azione.

La patente di proprietario veniva ceduta anche nel caso di incompatibilità d'ufficio, come accadde a quegli ufficiali trasferiti nel Commissariato Generale di Guerra: infatti il conte Turheim rimise la sua patente nel 1713, quando venne nominato Commissario Generale, in sostituzione del conte Schlick, anch'egli in precedenza proprietario di un reggimento di Dragoni.

IL REGIMENTS-STAB

Come lo Obrist-Inhaber era proprietario e titolare del *Regiment*, le *Kompanien* erano a loro volta assegnate al rispettivo capitano e, analogamente a quanto visto per il reggimento, potevano essere identificate anche col nome del loro comandante. Le prime tre: le *Stabs-Kompanien*, venivano identificate con l'appellativo del corpo e con il grado degli ufficiali dello stato maggiore reggimentale, c'erano pertanto la *Leib-Kompanie*, la *Obrist-Lieutenant-Kompanie* (Tenente Colonnello) e la *Obrist-Wachtmeister-Kompanie* (Maggiore). Le altre unità erano contraddistinte, oltre che dal nome del capitano, anche da un numero, stabilito sull'ordine di anzianità degli ufficiali titolari. Fino al 1700 ogni reggimento di fanteria tedesca era formato da 12 compagnie, che sul campo erano normalmente raggruppate in tre *Bataillon*, ognuno formato da una compagnia dello stato maggiore e da tre ordinarie. In questo modo anche il battaglione veniva identificato attraverso la compagnia principale e allora si parlava di *Leib-Bataillon*, di *Obrist Lieutenant-Bataillon* e di *Obristwachtmeister-Bataillon* Lo stato maggiore era completato dal personale aiutante e da quello amministrativo, riunito nel cosiddetto *Klein Regiments-Stab*; lo componevano assieme al *Regiment-Quartiermeister*, incaricato dell'amministrazione e della contabilità del corpo; come accadeva a tutti gli appartenenti a ruoli amministrativi, anche a costui era assolutamente proibito partecipare ai combattimenti: '...affinché con la sua perdita non incolga danno al Reggimento'. Il *Regiment Quartiermeister* aveva un grado equiparabile a quello di un tenente anziano o un Capitano. Nello stato maggiore reggimentale era presente anche il *Regiments Auditor*, il quale istruiva i procedimenti giudiziari del corpo; era lui che interveniva nelle dispute fra gli ufficiali al fine di scongiurare i duelli. All'Auditor era sottoposto il *Regiments-Profoss*, il capo della polizia interna, che per questo incarico si avvaleva di un numero variabile di subordinati. Un altro membro dello stato maggiore era il *Regiments Feldscherer* che dirigeva il servizio sanitario e soprintendeva gli infermieri delle compagnie. Nel *Klein Regiments-Stab*, infine, vi erano: il *Wachtmeister-Lieutenant*, quale aiutante del *Regiments Quartiermeister* o del colonnello o anche del maggiore; il *Wagenmeister* e il *Proviantmeister*, incaricati rispettivamente del traino reggimentale e del servizio di vettovagliamento, assistiti entrambi dai furieri delle compagnie; il *Regiments Pater*, per la conduzione delle pratiche religiose. Nei reggimenti cattolici la maggior parte dei cappellani proveniva dalla Compagnia di Gesù, altre volte dall'ordine dei frati Cappuccini, molto diffuso nei paesi asburgici.

I reggimenti ungheresi alla fine del secolo erano strutturati in maniera analoga ma per effetto della scarsa considerazione per questi reparti, spesso più incarichi erano tenuti da uno stesso ufficiale. Alla fine del XVII secolo la forza teorica di un reggimento ungherese era di 1500 combattenti suddivisi in dieci compagnie.

ORGANICI E RIFORME.

Nella primavera del 1701 fu avviata la prima riforma degli organici della fanteria. In quell'occasione venne discusso dallo Hofkriegsrath anche un aumento di tutto l'esercito, in preparazione della guerra appena dichiarata alla Francia e alla Spagna. Fu allora deciso di portare il numero delle compagnie da 12 a 16 in ciascun reggimento. In questo modo si poteva disporre sul campo di un quarto battaglione, che prendeva il nome di *Hauptmann-Bataillon*. Altro cambiamento avvenuto con quella riforma fu la riunione dei granatieri in un'unica compagnia. Queste nuove disposizioni portarono a un aumento degli effettivi, ma evitavano la creazione di nuovi reggimenti, garantendo in termini economici un notevole risparmio. La formazione delle compagnie, però, procedette lentamente e in maniera diseguale fra un reggimento e l'altro. In molti casi l'aumento degli effettivi, era appena sufficiente a riportare il numero dei combattenti a quello previsto dall'ordinanza, poiché - per le solite ragioni di bilancio - era dai tempi della Pace di Karlowitz che i reggimenti non ricevevano nuove reclute e il denaro arrivava col contagocce. Ma nella primavera del 1701, la casa d'Austria era talmente determinata a entrare in guerra contro i Borboni '...che (l'Imperatore Leopoldo) avrebbe mosso guerra anche con le sue sole forze'. Con immensi sacrifici si riuscì a predisporre su 16 compagnie almeno i reggimenti destinati all'armata d'Italia. Infatti, nell'ottobre del 1701, dei dodici reggimenti inviati nella pianura Padana, soltanto tre non avevano ancora predisposto le compagnie granatieri e di questi uno soltanto schierava dodici compagnie. I primi mesi della guerra furono contraddistinti da un attività intensissima e dall'elaborazione di strategie straordinariamente audaci. Dal totale di 25.000 uomini di fanteria dell'armata del principe Eugenio, fu discusso di prelevarne una parte per destinarli all'invasione del Napoletano; quale comandante per quell'impresa era stato designato il Principe Carlo di Lorena-Commercy, ma poi, fortunatamente, il piano venne accantonato.

Questa febbrile attività generò però dei casi di paradossale trascuratezza, quanto capitò ai due reggimenti inviati in Spagna durante l'ultima guerra, rappresenta probabilmente un caso limite. Nel 1695, al comando del langravio di Hessen Darmstadt, era stato inviato in Catalogna un corpo di truppe dalla Germania, al quale appartenevano anche due reggimenti dell'Imperatore, il Sachsen-Koburg (25) e lo Pfalz-Zweibruken (28). Durante la permanenza in quella regione molti uomini furono colpiti da un epidemia di 'febbri maligne' che provocò una sensibile diminuzione degli organici. Dopo la pace di. Ryswick i due reggimenti attesero invano che giungesse un'imbarcazione per riportarli in patria,

▼ **Acquerello tratto dallo** *"Exerzierreglement des Regiments Oberst Graf Walsegg"* del 1721. Nonostante l'aspetto un po' naif, i figurini riprodotti mostrano con sufficiente fedeltà i principali elementi dell'abbigliamento e dell'equipaggiamento introdotti nella fanteria fra il 1716 e il 1718.

Water-color drawing in the ancient book: "Exerzierreglement des Regiments Oberst Graf Walsegg."

ma - per mancanza di denaro - lo Hofkriegsrath finì per rimandare la partenza del naviglio agli ultimi mesi del 1700. Ma nella primavera del 1701 le vicende politiche ebbero uno sviluppo così precipitoso, che si giunse alla guerra fra l'Imperatore e il nuovo re di Spagna senza tenere conto dei due reggimenti che ancora si trovavano in Catalogna. In che modo questi sfortunati soldati siano stati in grado di sostenersi senza più mezzi lo si può solo intuire; basta dire che gli ufficiali furono costretti a vendere i loro cavalli e poi anche il loro bagaglio, per sfamare i loro uomini e organizzare una colonna di marcia per rientrare in Austria. Ridotti a soli 450 combattenti 'in miserissime condizioni' giunsero nell'Austria anteriore alla metà di giugno del 1701, dopo 46 giorni di marcia. 340 soldati accettarono di rimanere sotto le bandiere, nonostante trentatré mesi di paghe arretrate. Ironia della sorte, dalle loro competenze la dieta dell'Austria anteriore, trattenne la spesa sostenuta per il loro mantenimento (!). I reggimenti destinati all'armata del Reno dovettero attendere fino al febbraio del 1702, prima di ricevere il denaro e avviare la formazione delle nuove compagnie. Le condizioni generali di quelle truppe erano assai peggiori di quelle dell'armata d'Italia: nei primi giorni di marzo del 1702, il reggimento Osnabrück (39), contava 1.326 uomini, ma soltanto i granatieri e 700 Moschettieri avevano una qualche esperienza di guerra; per il rimanente si trattava di reclute appena arrivate. Molti ufficiali si trovavano ancora impegnati negli arruolamenti oltre confine, ma il denaro che doveva servire per i premi d'ingaggio era già stato speso per saldare gli stipendi arretrati: '...poiché il reggimento non trovava credito neanche per la risuolatura di un paio di scarpe...' Il reggimento Baden (6) non riceveva denaro da quasi quattro anni e dal febbraio del 1702 non era più in grado di mettersi in assetto di guerra: 'era privo di animali da tiro, cavalli di Frisia, tende e marmitte, anche le armi erano in pessimo stato'. Gli ufficiali stessi avevano contribuito di tasca loro per permettere la mobilitazione di almeno 800 uomini. Anche reggimenti di recente formazione quali il Bayreuth (37) e lo Osnabrück (38) si trovavano sotto la forza organica stabilita; il reggimento Rewentlau (29) non aveva neppure potuto nominare i quadri ufficiali per la formazione delle nuove compagnie. In questa drammatica situazione si escogitarono tutti gli espedienti possibili per mettere in assetto di guerra la fanteria. Con quanto restava dei due reggimenti giunti dal Braunschweig-Wolfenbüttel venne formato un nuovo reggimento: lo Holstein-Ploen (40) che - sebbene incompleto e privo di molti ufficiali - fu subito messo in campagna. Anche le singole iniziative della nobiltà, che proponeva la formazione di corpi autonomi, furono accettate volentieri. Nei primi due anni di guerra vennero create tre unità autonome di una forza che variava dalla singola compagnia dello Obrist-Lieutenant De Guethem, ai due battaglioni del *Frei-Korp* dello *Obrist-Wachtmeister* von Horbeser. La riforma del 1701 poté dirsi completata soltanto cinque anni dopo, quando anche gli ultimi reggimenti che erano rimasti nel vecchio assetto, ricevettero l'ordine – e soprattutto il denaro - di formare la compagnia Granatieri e le quattro di Moschettieri. Mediamente tutti i reggimenti di fanteria rimasero sotto organico per circa il 15-20%; la cronica penuria finanziaria di Casa d'Austria non riusciva a coprire il reclutamento dei complementi. Nel 1706, al fine di risolvere i problemi finanziari e portare i reggimenti a un assetto numerico regolare, lo Hofkriegsrath discusse una nuova regolamentazione. L'ipotesi di ridurre il numero delle compagnie venne scartata, perché avrebbe comportato il licenziamento di troppi ufficiali. La soluzione adottata fu quindi la diminuzione del numero dei combattenti, per cui la compagnia moschettieri avrebbe schierato 130 soldati, mentre quella dei granatieri sarebbe rimasta invariata.

Le maggiori carenze nel rispetto dell'organico stabilito apparteneva ai reggimenti dell'armata d'Ungheria e di Transilvania. La durezza del servizio in quelle desolate province produceva numerose diserzioni; la situazione era aggravata dalle malattie endemiche, che affliggevano le guarnigioni non assuefatte a quel clima e che provocavano molti più vuoti di quanti non ne creassero i combattimenti contro i ribelli. Nel marzo del 1704, a poco meno di un anno dall'inizio della ribellione, la fanteria ammontava a circa 15.000 soldati, rispetto a un totale teorico di 19.300. Tre anni dopo, su 27.880 combattenti teorici, meno della metà si trovavano effettivamente in assetto di guerra. Il

◄ ► Altri due acquerelli tratti dallo "Exerzierreglement des Regiments Oberst Graf

Another two water-color drawing in the: "Exerzierreglement des Regiments Oberst Graf Walsegg."

reggimento D'Arnant (40) poteva schierare solo 373 uomini abili, mentre in Transilvania il reggimento Heister (16) era ridotto a soli 575 combattenti. Il solito ritardo con il quale le paghe giungevano alle armate avevano portato nel 1703 ad un passo dall'ammutinamento alcune guarnigioni in Transilvania Il comandante di quel distretto, generale Bussy-Rabutin, scrisse che il complotto era stato sventato per puro caso, ma che tale minaccia non poteva essere allontanata esclusivamente con misure disciplinari, poiché: '...niente si può chiedere a un soldato quando manca tutto, compreso il pane per sfamarlo.' Nella primavera del 1705 il reggimento Thürheim, senza paga da oltre un anno, disertò in massa e passò dalla parte dei ribelli; anche alcuni ufficiali seguirono i soldati mentre quelli che si opposero vennero trucidati. La riforma degli organici interessò anche la fanteria ungherese. Al momento della ricostituzione dei reggimenti di Hajduck avvenuta nel 1702, l'organico era stato stabilito su dieci compagnie di 200 combattenti. Poi, nei primi mesi del 1706, il numero dei soldati fu diminuito di cinquanta unità in ciascuna compagnia. Nell'aprile dello stesso anno con ciò che rimaneva dei quattro reggimenti ungheresi che ancora esistevano, ne fu formato uno soltanto. Anche il battaglione croato Mallenich, fino a quel momento strutturato su otto compagnie di 150 combattenti, venne disciolto per completare il reggimento Hajduck sopravvissuto. Tutte queste unità si trovavano con l'armata d'Italia da più di tre anni e, oltre ai vuoti provocati dagli esiti di combattimento, dall'autunno del 1703 non avevano ricevuto rinforzo alcuno per mancanza di denaro. Nonostante tutti questi problemi, la riforma del 1706 portò notevoli benefici in tutto l'esercito. L'opera di riorganizzazione complessiva della macchina militare iniziò molto presto a dare risultati positivi. Dopo la vittoria sui franco-spagnoli in Italia settentrionale, nel 1707 l'imperatore Giuseppe I era entrato in possesso del regno di Napoli e vi manteneva un corpo di 9.000 soldati della sua fanteria, altri 25.000 uomini erano dislocati in Piemonte e nel Milanese, 9.000

sul corso inferiore del Reno e in Baviera, mentre per l'anno seguente si preparava l'allestimento del corpo da inviare in Catalogna e nelle Fiandre. La partecipazione della fanteria dell'Imperatore alle campagne nella penisola iberica rappresentò un evento straordinario, se pensiamo che appena due anni prima i paesi asburgici avevano rischiato il tracollo finanziario. Certamente risultò determinante il contributo dell'Inghilterra e delle Province Unite, ma lo sforzo organizzativo e logistico sostenuto da Vienna fu senza precedenti e tale da destare ammirazione in tutta Europa. Nel 1710 l'Imperatore aveva in Spagna oltre 11.000 uomini della propria fanteria, compresi due reggimenti di recente formazione Eckh (45) e Browne (46), che in vista della decisiva campagna erano sati inviati a Barcellona ancora incompleti. Le difficoltà di trovare reclute per questi nuovi reggimenti scaturiva da diversi fattori. L'eco della violenza dei combattimenti nella penisola, unito alla lontananza di quel teatro di guerra, agivano da forte deterrente per l' arruolamento, tanto che alle reclute destinate all'armata di Spagna veniva taciuta la loro reale destinazione. Proprio l'urgenza di assicurare alle armate un flusso regolare di rinforzi porta a una nuova riforma nel 1711, interamente dovuta all'iniziativa del principe Eugenio. I reggimenti di fanteria tedesca rimanevano su 17 compagnie ma il totale risultava adesso di 15 compagnie Moschettieri e 2 di Granatieri; le prime portavano a 140 il numero dei combattenti, mentre non subiva variazioni quello dei Granatieri. La novità sul piano tattico risultava evidente in quanto ora un battaglione dispiegava una forza teorica di cinque compagnie, ogni reggimento inviava in campagna due battaglioni e le compagnie di Granatieri; le restanti cinque formavano un'unità di deposito per le reclute. Ogni due anni era inoltre prevista una turnazione; in questo modo si garantiva la presenza di una forza combattente pari ad almeno due terzi del dispositivo teorico. Questa riforma entrò effettivamente in vigore soltanto l'anno seguente, ma rivelò tutta la sua efficacia durante il conflitto del 1716-18 contro gli ottomani.

LA FANTERIA DI CARLO III RE DI SPAGNA

Quando il conflitto per l'eredità al trono di Spagna coinvolse il territorio della penisola iberica, molti rappresentanti della nobiltà locale, soprattutto quella catalana e aragonese, passarono al fianco degli alleati nel partito del pretendente asburgico, l'arciduca Carlo. Come in una gara di dimostrazione di fedeltà, proliferarono le iniziative dei vari nobili e notabili per organizzare unità combattenti a piedi e a cavallo. Nei primi anni della guerra peninsulare l'esercito dell'arciduca, era un campionario di nazionalità non molto differente da quello del fratello a Vienna: tedeschi, boemi, moravi, lombardi, napoletani, valloni e svizzeri andavano ad aggiungersi ai catalani, agli aragonesi e ai navarrini. Nel 1704 era iniziato il reclutamento delle prime unità destinate a formare la guardia del corpo per il nuovo re, il quale - giunto a Barcellona nell'ottobre del 1705 – poteva contare su un totale di 8.164 soldati di proprie truppe di fanteria, divisi in un imprecisato numero di unità, quasi sempre contraddistinte da un esuberante stato maggiore, un equipaggiamento insufficiente e una preparazione spesso approssimativa. La riorganizzazione di questo contingente aveva portato dopo un anno a una diminuzione della forza disponibile per l'armata campale. Furono riorganizzati i reggimenti a piedi con uno stato maggiore così composto:

1 colonnello;
1 luogotenente colonnello;
1 maggiore;
1 quartiermastro;
1 auditore;
1 cappellano;
1 aiutante;
1 direttore di provianda;
1 direttore del bagaglio;
1 prevosto con la scorta;
1 capo Infermiere;
1 capo Musica;
Lo stato maggiore di una comp. Moschettieri risultava così formato :
1 capitano;
1 luogotenente;
1 alfiere;
1 sergente maggiore;
1 sergente;
1 furiere;
1 scrivano;
1 infermiere;
2 trabanti;
1 zappatore;
1 fabbro;
4 musicanti;
88 fra caporali, esenti e moschettieri comuni.

La compagnia granatieri era composta da settantotto fra caporali e comuni, con un identico stato maggiore a eccezione dell'alfiere, sostituito da un secondo luogotenente e senza lo zappatore.

Un reggimento ascendeva quindi a una forza pari a 1000 uomini, divisi in dieci compagnie moschettieri e una di granatieri. Il passaggio delle armate e le continue devastazioni avevano causato un grave impoverimento di tutte le regioni a est di Madrid. Adottando un'efficace definizione di quegli anni: 'la guerra nutrì la guerra': la popolazione maschile, sempre più immiserita, si arruolava nelle armate, le quali gravavano in misura sempre maggiore sulle città e le campagne, alimentando questa tragica spirale. La corte asburgica, e lo stesso re Carlo III, avevano molta stima per gli spagnoli: '…che in ogni occasione avevano combattuto con lo stesso valore delle altre truppe'; in più il costo di una recluta spagnola era valutata fino a cinque volte inferiore a quello di un soldato arruolato nei paesi di Casa d'Austria. L'arruolamento di contingenti locali fu perciò incrementato nel 1711, quando per iniziativa dell'influente consigliere di Carlo III, marchese Geronimo Feliz del Rio, si cercò di favorire l'afflusso di uomini anche dalle regioni al di fuori del controllo degli alleati. In tal senso venne pubblicata una 'grida' alla popolazione dell'Aragona, che secondo il Marchese avrebbe permesso di raccogliere almeno 2000 reclute. Al termine della guerra, nonostante la completa assoluzione garantita dalla pace di Rastatt, furono molti gli ufficiali e i soldati che preferirono seguire la corte asburgica quando questa lasciò la penisola nel 1714, abbandonando alla loro sorte i difensori di Barcellona.

Un contributo analogo alla causa del pretendente austriaco giunse anche da quelle regioni dell'Italia e dei Paesi Bassi tolte ai Borboni. A Milano, nel maggio del 1707, vennero raccolte le prime reclute milanesi, alle quali furono aggregate ex soldati dell'esercito spagnolo di Filippo d'Anjou, che avevano accettato di passare al servizio degli Asburgo. Con alcuni battaglioni di reclute del Milanese e del Mantovano, agli ordini di un ex ufficiale borbonico, il marchese di Bonesana, si raggiunse a un numero sufficiente di uomini per formare due reggimenti; per accelerarne l'allestimento delle unità si utilizzò anche un nucleo di soldati di un battaglione dei Grigioni, in modo che l'anno seguente fu possibile inviare l'unità a Finale di Spagna, porto nel quale si imbarcavano i contingenti diretti in Catalogna. Anche nell'Italia meridionale, dove gli Asburgo avevano sempre potuto contare su un forte partito filo austriaco, si formarono all'indomani dell'ingresso del Feldmarschall Daun a Napoli, nel luglio del 1707, i quadri per la creazione di unità di fanteria. Il primo reggimento arruolato interamente a Napoli, raggiunse l'armata alleata in Catalogna nell'aprile del 1709. Fino al 1713 le reclute italiane continuarono a essere inviate verso Barcellona e, alla fine della guerra, quattro reggimenti formati da 'spagnoli' italiani erano ancora in servizio nello Ampurdan, a Barcellona e a Tarragona. Reclute del Regno di Napoli servirono anche per completare i ranghi dei reggimenti spagnoli, quando l'arruolamento locale si era ridotto alla sola Catalogna. Più

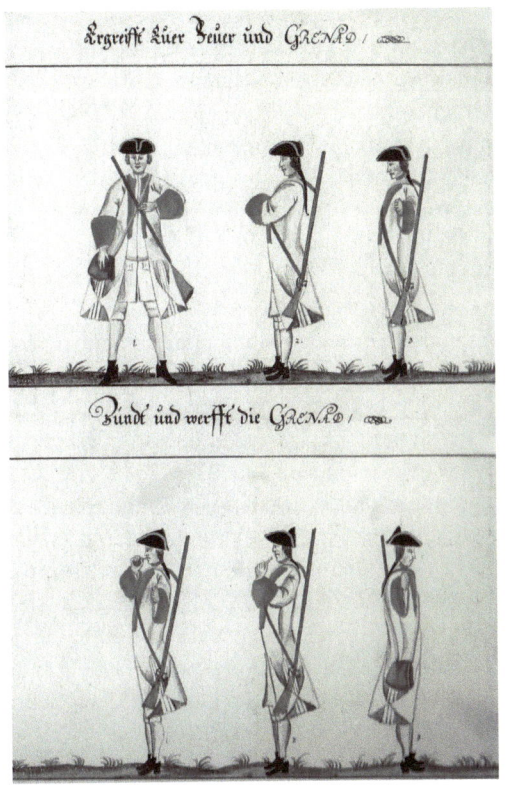

▼ **Ancora un acquerello** tratto dallo "Exerzierreglement des Regiments Oberst Graf Walsegg".

Another water-color drawing in the: "Exerzierreglement des Regiments Oberst Graf Walsegg."

travagliate, ma meno ricche di azione, furono le vicende dei reggimenti valloni. Nonostante che già dall'autunno del 1706, a seguito della sconfitta di Ramilles, i Franco-Spagnoli avessero abbandonato i Paesi Bassi, l'organizzazione dei primi contingenti di fanteria per il pretendente Carlo III iniziò molto dopo. Il motivo di tale ritardo era come sempre imputabile alla scarsità dei mezzi finanziari degli Asburgo, aggravata dalla distanza di quelle province da Vienna. Pertanto la formazione del primo corpo di truppe venne intrapresa soltanto nel 1708, quando la neo costituita armata della Mosella, formata da contingenti dell'Impero con il concorso delle Potenze Marittime, iniziò le operazioni nelle Fiandre. Nell'inverno del 1709 furono finalmente messe 'sul piede di guerra' le prime compagnie. Da quella data fino al 1710 si formarono 5 reggimenti valloni, ma per equipaggiarli si era reso necessario ricorrere a equipaggiamento britannico e olandese; anche per il tessuto delle uniformi si riciclarono rimanenze di tessuti locali, ma i maggiori problemi per la formazione di queste unità sorsero per la scarsità di reclute. Fu pertanto necessario ricorrere all'arruolamento forzato dei prigionieri di guerra e dei detenuti nelle prigioni. In una tabella dimostrativa dell'armata alleata nel 1708, redatta dallo stato maggiore del duca di Marlborough, figurano quattro battaglioni 'spagnoli'; cinque anni dopo erano sotto le armi 5.406 soldati di fanteria, suddivisi in sette reggimenti, più un ottavo che si stava allestendo. Nessuna delle unità create fino al 1718 rimase in servizio oltre il 1725, nonostante che la tradizione dei valloni nell'esercito austriaco arrivi fino alla fine del XVIII secolo.

Inizialmente, i reggimenti valloni furono organizzati su sei piccole compagnie di moschettieri, della forza di 60 comuni e caporali; il 'conto delle teste' di questi reparti ascendeva a 400 uomini per ogni reggimento. Nel 1713 sei di questi reggimenti avevano allestito i quadri per la formazione di altre cinque compagnie moschettieri e una di granatieri, che avrebbero portato ogni reggimento a 800 soldati. La *Primaplana* di una compagnia era composta da: un capitano, un tenente, un alfiere, un sergente maggiore, un sergente e due musicanti; erano inoltre compresi i furieri, i trabanti, i musicanti e tutti quei ruoli che normalmente non venivano considerati nei ruoli di forza delle unità. Il problema di completamento dei reggimenti valloni perdurava ancora nel 1716, poiché in quell'anno ancora due unità si trovavano strutturate su sei compagnie soltanto. Dopo la conclusione della guerra di successione la fanteria spagnola e italiana fu riorganizzata su dieci compagnie di moschettieri e una di granatieri; la forza della singola compagnia moschettieri ascendeva adesso a 100 soldati semplici, otto caporali, tre trabanti, uno zappatore, un fabbro, tre musici, un sergente, un sergente maggiore, un furiere, un infermiere, uno scrivano, un alfiere, un luogotenente e un capitano. La compagnia Granatieri aveva soltanto 92 comuni, sei caporali e lo stesso numero di componenti della compagnia moschettieri, eccettuato lo zappatore e l'alfiere, sostituito - come sempre - da un secondo tenente. Il reggimento lombardo Luccini (I1), completato con le reclute e gli ufficiali dell'altro reggimento lombardo Taaffe (I2), era strutturato su una compagnia granatieri e 12 di moschettieri, che portavano lo stato di forza teorico dell'unita a 1500 combattenti.

Nella sua complessità e in tutte le differenze derivanti dalle tante nazionalità che la componevano, anche in quella imperiale sono identificabili i difetti comuni alle altre fanterie di quel tempo: difficoltà di reclutamento; disciplina ferrea e mantenuta con pene corporali severissime; qualità del corpo ufficiali estremamente diseguale, a causa della inesistente selezione iniziale. La differenza di classe fra questi e la truppa era ingigantita dalla distanza che già esisteva a quel tempo fra i nobili e i ceti inferiori. Gli ufficiali potevano colpire con il bastone i soldati che non ottemperavano agli obblighi richiesti dal servizio e nessuno aveva niente da ridire, se per la violenza della punizione, il soldato rimaneva menomato. I pregi risiedevano in un elevato spirito di corpo e in una notevole duttilità e resistenza, ampiamente dimostrata in tutti teatri di guerra nei quali si trovò in azione.

In Italia settentrionale, dove per lunghi anni l'armata imperiale – seppure in inferiorità numerica - non subì mai sconfitte decisive, riuscì a enucleare dal suo interno gli elementi peggiori e nel 1718, al termine della guerra contro l'Impero Ottomano, era diventata una delle fanterie più solide ed efficienti d'Europa, sotto la guida di abili ufficiali e di un capo come il principe Eugenio di Savoia.

LA FANTERIA DEI CIRCOLI DELL'IMPERO

CIRCOLO DI FRANCONIA

Gli Stati della Franconia furono i primi che già alla fine del XVI secolo avevano formato reparti armati in associazione fra loro. Risale infatti al 1595 la creazione di un reggimento di cavalleria da parte della famiglia dei conti di Hohenlohe. Le prime unità di fanteria attesero fino al 1672 per divenire unità stabili, anno in cui furono allestite le prime nove compagnie del reggimento del conte d'Avila. Negli anni seguenti vennero reclutati altri due reggimenti di fanteria, ognuno formato da 10 compagnie miste di moschettieri picchieri e granatieri, per complessivi 2.000 uomini, inviate nel 1684 in Ungheria per le campagne contro i turchi agli ordini del duca Carlo di Lorena. Nel 1693, nel corso della guerra del Palatinato contro la Francia, giunse dal vescovato di Wurzburg, un battaglione di rinforzo, poiché il contingente, si trovava ancora sotto il numero stabilito dalla Reichsmatricel, la quale prevedeva per il circolo un totale di 5.706 soldati a piedi. La Dieta aveva approvato nel 1681 la proposta di mantenere un corpo permanente di una volta e mezzo la quota *In Simplum*, per complessivi 2.853 uomini; poi, nel 1691, era stata approvata la risoluzione per portare a 5.900 il numero dei fanti. Nel marzo del 1701, l'assemblea degli Stati della Franconia, riunitasi a Bamberg, votò una nuova proposta per una matricola 'in numerus rotundus' per 7.950 uomini, di cui alla fanteria spettavano 6.666 reclute. Queste ripartizioni avevano solo un carattere amministrativo, poiché, già dal secolo precedente, la maggior parte delle reclute proveniva dai soli vescovati di Wurzburg e Bamberg, da Norimberga e dai due margraviati di Bayreuth. I tre reggimenti di fanteria furono organizzati nel seguente modo: Erffa (FI) e Schunbeck (F3) su 12 compagnie di 172 fra soldati, *Primaplana* e ufficiali per un totale di 2080 uomini, escluso lo stato maggiore; al reggimento Schnebelin (F2) andarono solamente 11 compagnie, ma ognuna di 185 soldati, per una forza teorica di 2.050 combattenti. Come era avvenuto nell'esercito dell'imperatore, i granatieri formavano adesso un'intera

▲ **Il Principe Eugenio** mentre dirige uno scontro in una incisione di metà Ottocento. Più degli altri generali di Casa d'Austria il 'grande capitano' si adoperò molto per migliorare le condizioni di vita dei suoi soldati, condividendo con questi le privazioni e i rischi. Dopo aver combattuto la sua ultima battaglia a 72 anni, gli acciacchi e le fatiche di una vita trascorsa in sella e spesso esposto alle intemperie, ebbero la meglio sulla sua eccezionale fibra e lo portarono alla morte avvenuta il 21 aprile 1736.

The Prince Eugene in battle as depicted in a XIX century print. The Savoy was a General adored by his soldiers. The "Gran Captain", fought his last battle at 72 years old. He was one of the best strategists of his time.

compagnia. In seguito, la prassi di raccogliere i granatieri in un singolo corpo portò alla formazione di un *Grenadier Bataillon* autonomo. Rispetto alla matricola stabilita dalla Dieta di Ratisbona, si registrava un'eccedenza di 960 soldati di fanteria, ma questa disparità era deliberatamente ottenuta allo scopo di diminuire il numero di reclute destinate alla cavalleria, nella proporzione di un cavaliere ogni tre fanti. Ma anche in questo modo la quota della matricola non veniva raggiunta, per cui si rese necessario noleggiare un intero reggimento di fanteria. Questo fu offerto dal duca di Schwarzburg-Reuss, che lo inviò sul Reno nell'estate del 1702; la sua forza a pieno organico risultava pari a 1000 uomini, divisi in dieci compagnie di soli moschettieri.

La durezza delle campagne nei primi anni della guerra di Successione Spagnola, ridussero il contingente francone a quasi il 50% del suo effettivo. Dei circa settemila fanti stabiliti dalla dieta del circolo, nel maggio del 1703 la forza totale era scesa a soli 3.790 uomini. L'andamento della guerra su quel fronte stava volgendo a favore dei franco-bavaresi e gli stessi Stati della Franconia si sentivano minacciati da un'invasione. In quel clima d'emergenza la dieta votò una risoluzione per la formazione di unità *Supernumerari*, da inviare come rinforzo. Le quote di reclutamento furono assunte, per un primo battaglione, dai due margravi di Bayreuth e dal vescovo di Bamberg; un secondo battaglione da Wurzburg e dall'Ordine Teutonico, e infine un terzo da Norimberga e da Eichstatt. Un quarto battaglione giunse ancora dal vescovato di Wurzburg e rimase all'armata fino al 1709. La forza teorica di questi battaglioni assommava a 855 combattenti ripartiti in 5 compagnie di moschettieri per i *Bataillon* Hohenzellern

▼ Dall'alto verso il basso: moschetto con meccanismo a batteria; moschetto con meccanismo combinato a ruota e a serpentina e infine moschetto con batteria e serpentina. Gli ultimi due moschetti erano contemporanei del primo e continuarono a equipaggiare molti reggimenti imperiali fino al 1705. Fonti: Landeszeughaus Graz, archivio dell'Autore

From above: Musket with battery mechanism; with combined mechanism, at wheel and at serpentine and still one with battery and serpentine together, the last two weapons were contemporary of the first one and they kept on equipping many regiments until over 1705. Sources: Landeszeughaus Graz, author's archive.

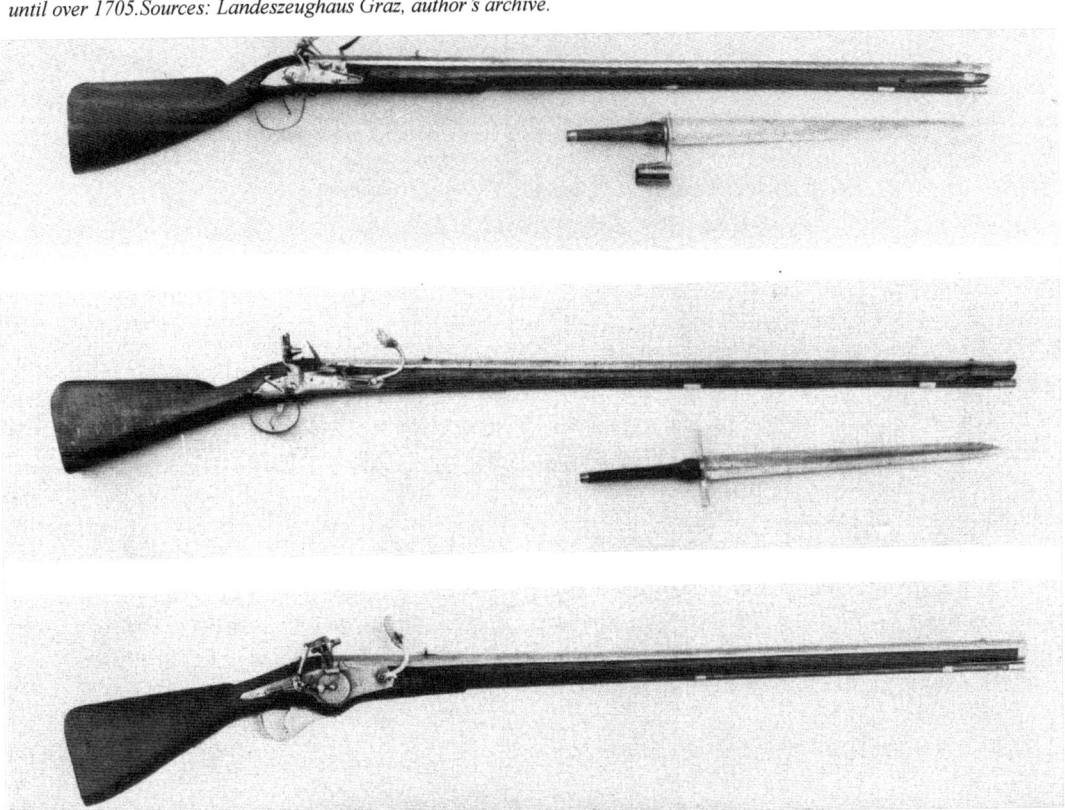

(Fii) Jahnus (Fiii) e Jaxtheim (Fiv) ma solo 474 moschettieri in 4 compagnie del battaglione Dalberg (Fv)di Wurzburg.

Fino al gennaio del 1713 il *Kreis-Obrist* del circolo fu il margravio Christian Ernst di Brandenburg-Bayreuth che ricopriva questo incarico dal 1694 e poi dal 1707 lo associò a quello di comandante dell'armata dell'Impero. In seguito la responsabilità di comando passò al margravio Georg Wilhelm di Ansbach-Bayreuth.

Rispetto agli altri circoli dell'Impero la Franconia dimostrò la maggiore sollecitudine nel mantenere in numero e in assetto soddisfacente le proprie truppe e la dedizione dei franconi alla causa alleata fu sempre sottolineata, tanto dall'imperatore quanto dalle potenze marittime.

▶ **La battaglia di Malplaquet** fu combattuta l'undici settembre 1709 fra l'armata alleata, forte di più di centomila uomini, al comando del duca di Marlborough e del principe Eugenio di Savoia, e quella francese comandata dal maresciallo di Francia, Claude Louis Hector, duca di Villars. Fu la battaglia più sanguinosa del secolo.
Collezione Cristini

The Battle of Malplaquet, fought on 11 September 1709, was one of the main battles of the War of the Spanish Succession, when the French and Spain armies fought against an alliance Army leading by Marlborough and Prince Eugene.
Author collection

CIRCOLO DI SVEVIA

Anche nel circolo svevo la creazione dei primi contingenti in associazione fra gli Stati risale agli ultimi anni del XVI secolo. Le prime due unità permanenti di fanteria vennero formate nel 1683, quindi un terzo reggimento di fanteria fu allestito nel 1691 e un quarto cinque anni dopo, nel corso della guerra del Palatinato. Ogni reggimento era strutturato su 12 compagnie di moschettieri, granatieri e picchieri - fino al 1697 - per complessivi 1.800 combattenti. La Dieta degli Stati di Svevia, riunitasi dopo la pace di Riswyck, votò una ripartizione delle reclute fra i 95 Stati di cui si componeva il circolo, per una matricola 'Casus Belii' di 9.035 fanti. Un quinto reggimento a piedi venne creato nel 1701 e formato esclusivamente dagli Stati protestanti del circolo. Rispetto alla vicina Franconia, i rapporti fra i cattolici i luterano-calvinisti erano più problematici; questo si rifletteva nella composizione dei reggimenti e nella ripartizione delle reclute, calcolate in modo da formare compagnie di soli correligionari. Soltanto in un singolo caso un reggimento risultò formato da cattolici e protestanti assieme. Lo stato maggiore era identico a quello dei reggimenti di fanteria di casa d'Austria, ma la forza organica delle compagnie era differente e variava da un caso all'altro. Il reggimento Baden (Sw4) aveva otto compagnie ciascuna di 142 Moschettieri una di 144 una di 143 due di 140; la compagnia Granatieri aveva invece 97 uomini. Il reggimento Durlach (Sw1) era formato da cinque compagnie moschettieri di 142 uomini, una di 143, tre di 140 e le altre di 141 moschettieri; la compagnia granatieri era di 96 teste. Il reggimento Mosskirck (Sw3) si componeva di una compagnia di 138 moschettieri, una di 140, due di 144, due di 141 e sei di 142 uomini; i granatieri erano 96. Il reggimento Sthklingen (Sw2) aveva una compagnia di 139 soldati, una di 141, tre di 140, sette di 142; la compagnia granatieri era di 96 teste. Infine il reggimento Reischach (Sw5), con otto compagnie moschettieri di 142 uomini e quattro di 141; la compagnia Granatieri contava 96 uomini.

In campagna i granatieri erano riuniti in un battaglione combinato con tutte e cinque le compagnie; il comando di questa unità era affidato al *Grenadier Hauptmann* più anziano. Nel 1706 questa prassi venne istituzionalizzata con la promozione a *Obrist-Wachtmeister* del capitano conte Sebastian de Montfort, quindi nel 1711 il comando passò al principe Christoph di Baden-Durlach. Amministrativamente le compagnie continuavano però ad appartenere ai rispettivi reggimenti e infatti uno stato maggiore per il battaglione granatieri non venne mai formato. Il comando del contingente svevo fu affidato dal 1702 al duca Eberhard Ludwig von Wurttemberg, che aveva sostituito l'anziano margravio di Baden-Durlach Karl Gustav. In quello stesso anno il duca ricoprì anche la carica di generale del circolo, grado rimasto vacante dopo la morte del conte Anton di Hohenzollern-Siegmaringen a Friedlingen.

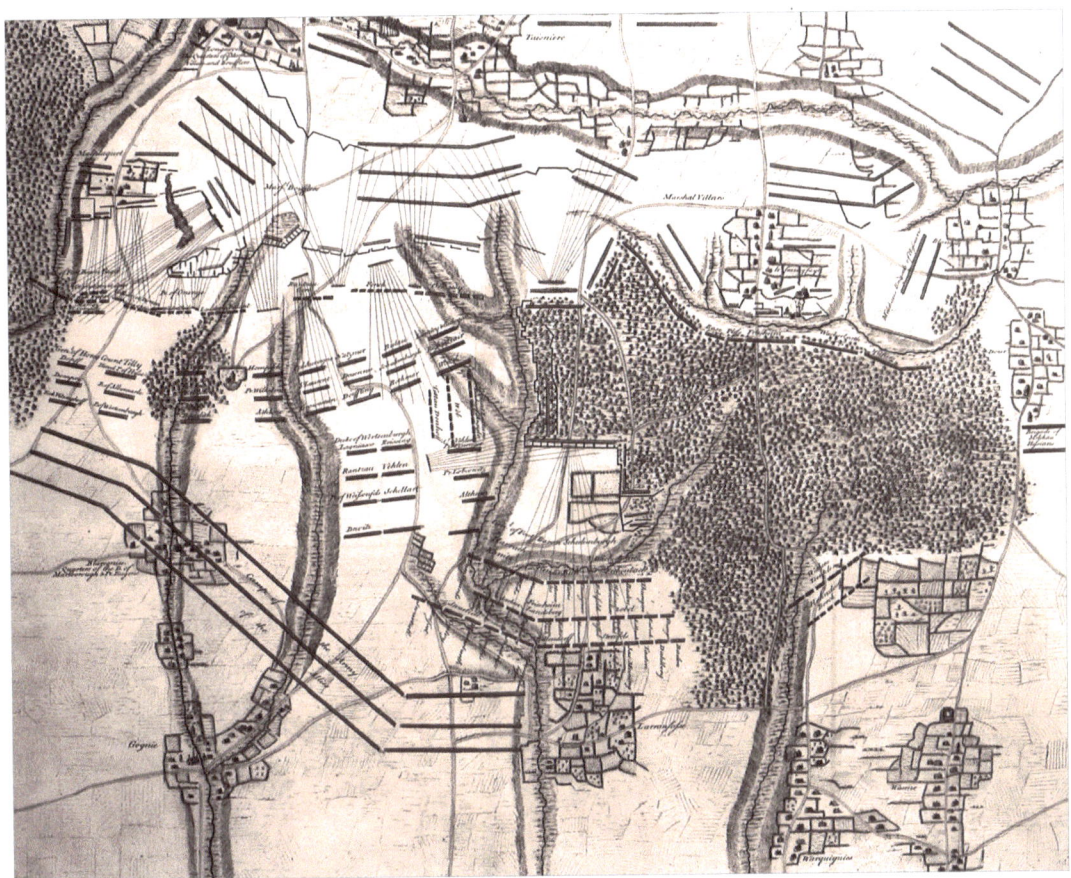

CIRCOLO DELL'ALTO RENO

I primi contingenti di fanteria del circolo alto-renano furono associati in unità permanenti alla metà degli anni ottanta del XVII secolo: si trattava delle sedici compagnie del reggimento a piedi del conte di Nassau-Saarbrucken (OR1), per complessivi 1600 uomini, ripartiti in 800 Moschettieri, 400 Picchieri e 400 Granatieri; il contingente partecipe alla guerra contro i Turchi in Ungheria. Durante la guerra del Palatinato la forza appiedata del circolo non superò la forza iniziale di 1600 uomini cosi ripartiti: i due langraviati di Hessen con 400 uomini da Kassel e 200 da Darmstadt; 200 da Francoforte e 100 ciascuno dall'abbazia di Fulda, dai conti di Nassau, da quelli di Isenburg, di Soles e da Hanau.

Gli Stati del circolo furono fra quelli che subirono i maggiori danni durante la guerra del Palatinato, l'elettorato di Mainz fu occupato dai Francesi e anche una parte considerevole delle truppe alleate gravò interamente su quei paesi; la Dieta alto-renana non poté neppure riunirsi regolarmente e questo fu uno dei motivi per cui l'allestimento del contingente riprese soltanto nel 1497, con la formazione di altri due reggimenti di fanteria. Con l'inizio delle ostilità per la successione al trono spagnolo, la riunione dei rappresentanti dell'Impero, avvenuta a Nordlingen nel marzo del 1702, assegnò al circolo la formazione di un contingente di 8.559 soldati a piedi.

Fra il langravio' di Hessen Kassel e gli Stati cattolici sorsero però dei contrasti politici che causarono il rifiuto del principe luterano a partecipare ai lavori della Dieta e il mancato invio delle truppe per il contingente dell'Impero II circolo riuscì comunque a mettere in armi quattro reggimenti a piedi, di forra diseguale equipaggiati in modo non uniforme, che vennero aggregati all'armata dell'Impero sul Reno nel 1702. Il reggimento Hessen-Darmstadt, (OR4) proveniente dal piccolo esercito del langravio, aveva sette compagnie Moschettieri e una granatieri la forza a pieno organico di una compagnia era di

109 uomini, nel 1704 ne furono allestite altre due di soli Moschettieri.

Il reggimento Oberrhein (OR5) mise in campo dieci compagnie Moschettieri e una di Granatieri, la forza teorica doveva ascendere rispettivamente a 100 e 90 uomini, analoga struttura aveva anche il Nassau-Weilburg (OR6). Il reggimento magontino Leyen (0R7) aveva invece 14 compagnie di Moschettieri e 3 di Granatieri che assommavano a pieno organico a 1800 soldati; nel 1704 il reggimento rientrò a Mainz e venne rimpiazzato da due battaglioni, ciascuno di cinque compagnie Moschettieri di 700 uomini; il battaglione Granatieri del circolo veniva cosi a perdere tre compagnie; una quarta venne a mancare alla fine dello stesso anno, quando ì granatieri del reggimento Darmstadt furono riconvertiti in Moschettieri.

Il Kreis-Obrist del circolo fu per tutta la durata della guerra il conte Johann Ernst di Nassau-Weilburg, ufficiale di provata esperienza, che dal 1708 fece parte anche dello stato maggiore dell'armata della Mossela, al comando di Eugenio di Savoia. Assieme alle truppe del circolo di Franconia e a quelle di Svevia, la fanteria alto-renana costituì il nucleo principale dell'armata dell'Impero e, nonostante il contingente raccolto sia stato sempre inferiore a quanto richiesto dalla matricola, le sue truppe furono fra le migliore della Reìchsarmèe, assieme a quelle degli altri due circoli.

CIRCOLO DI WESTFALIA

Le rivalità politiche fra gli Stati del circolo vestfalico-renano, furono la causa principale del ritardo nella costituzione di un direttorio militare, ritardo che si protrasse fino al termine del XVII secolo. Le devastazioni della guerra del Palatinato avevano risparmiato la maggior parte dei territori del circolo e lo scampato pericolo aveva contribuito a inibire ogni sforzo per la preparazione di un contingente. Con la ripresa delle ostilità contro la Francia, la dieta approvò nel marzo del 1702 la costituzione di un corpo di truppe, che doveva ascendere a due reggimenti di cavalleria, uno di dragoni e sei e mezzo di fanteria per un totale di oltre 12.000 uomini. Fu anche nominato un *Kreis-Obrist* nella persona del General Wachtmeister barone Hochkirch, proveniente dall'esercito dell'elettore di Kurpfalz. La Dieta aveva ripartito la quota di reclute anche fra Stati, quali la Danimarca, che non inviavano da tempo immemorabile rappresentanti alle riunioni, e addirittura la Svezia, temuta antagonista dell'imperatore nella Germania del nord. Altri Stati, quali lo Hessen-Kassel, erano già in aperto contrasto con la dieta dell'Impero e non intendevano inviare alla Reichsarmée alcun soldato. Il contingente di fanteria raccolto giunse poco alla volta all'armata sul Reno. Nell'ottobre del 1702 l'eterogenea fanteria del circolo di Westfalia ammontava a 4.659 uomini, divisi in nove battaglioni, invece dei tredici previsti. Gli stati maggiori reggimentali e l'organico delle compagnie dei vari reparti mantenevano l'organizzazione degli eserciti di provenienza. Il reggimento prussiano Kanitz era formato da undici compagnie moschettieri e una granatieri, ciascuna di 90 uomini; il reggimento Uffling di Münster aveva otto compagnie Moschettieri per complessivi 1.200 combattenti; le compagnie provenienti dal Palatinato ascendevano a 120 uomini ognuna; identica cifra per quelle di Osnabruck e Paderborn; le sette compagnie Moschettieri del reggimento Schrautenbach, inviate dall' imperatore quale quota della propria matricola, erano di 109 combattenti; le quattro compagnie Moschettieri inviate dalla città di Colonia erano ciascuna di 125 uomini; la singola compagnia inviata dall'elettore di Hannover aveva una forza di 100 moschettieri.

La già scarsa sollecitudine con la quale era stato allestito il contingente diminuì ulteriormente dopo l'autunno del 1704. Il re di Prussia iniziò il ritiro del proprio reggimento durante l'inverno di quell'anno; fra l'altro l'impiego della sua unità nella Reichsarmèe era subordinata al fatto che non fosse mai disgiunta dal resto del corpo prussiano. Gli altri Stati lasciarono incompleti i loro corpi di truppe. Nella primavera del 1706 la forza campale disponibile per l'armata dell'Impero non raggiungeva i 2.000 effettivi di fanteria; la vicinanza dell'armata anglo-olandese e la relativa sicurezza dei presidi sul medio corso del Reno, indussero gli Stati del circolo a trascurare il proprio contingente.

Il Kreis-General prussiano Von Heyden, che aveva sostituito il barone di Hochkirch nel 1703, lasciò il comando delle truppe del circolo il 5 maggio 1706; al suo posto venne nominato il conte di Bernsau, *General Wachtmeister* dell'elettore del Palatinato, il quale mantenne l'incarico fino al 1713. Fatta

▲ **Illustrazione ottocentesca del battaglione Graubund**, al servizio dell'Imperatore dal 1704 al 1708 e poi inviato in Catalogna con l'armata dell'arciduca Carlo fino al 1713.
Print of XIX century depicting the Imperial battalion Graubund in 1704-1708.

eccezione per il reggimento di Münster e per i contingenti del Palatinato e dell'Assia-Darsmstadt, il resto del corpo westfaliano era formato da truppe di non eccellente qualità e per questo la maggior parte venne impiegata per i presidi nelle fortezze del postamento inferiore.

CIRCOLO ELETTORALE RENANO

Occupati a più riprese dai francesi e ripetutamente saccheggiati da amici e nemici nel corso della guerra del 1688-97, gli Stati del circolo furono in grado di mobilitare i propri contingenti di truppe soltanto dopo il 1695. L'elettore di Treviri mise in armi 2.089 uomini di fanteria, divisi in 17 compagnie, che formarono due reparti diseguali, uno di nove e l'altro di otto compagnie moschettieri; dopo la pace di Rysnick, cinque compagnie furono licenziate e i reggimenti riformati su un organico di sei compagnie moschettieri, di 110 fra soldati e sottufficiali.

La matricola per le quote del circolo era ancora quella fissata nel 1681 e prevedeva la raccolta di 8.121 fanti in 'Triplum'. Con la ripresa delle ostilità contro la Francia, il lavoro per la riorganizzazione del circolo era ancora in alto mare. La Dieta si era riunita due volte, in maggio e giugno del 1701, ed era stata votata la creazione di un contingente di oltre 23.000 uomini, dei quali - almeno 1.500 di soldati a piedi dell'elettorato di Treviri - dovevano essere pronti a entrare in campagna in sole due settimane. Come in altre occasioni la realtà fu di gran lunga inferiore alle previsioni e oltre ai problemi di natura economica, che impedivano l'allestimento dei contingenti, si aggravarono le tensioni politiche fra i membri del circolo. La situazione peggiorò irrimediabilmente quando l'elettore di Colonia abbandonò gli alleati per schierarsi dalla parte del Re Sole, mentre sul versante militare il circolo subì nuovamente l'occupazione di Treviri da parte dei francesi. La convenzione di Nördlingen assegnò infine agli Stati la presentazione in armi di 5.500 fanti, da ripartursi fra gli elettori di Magonza, Treviri e del Palatinato. Il primo di questi, che già doveva completare il proprio contingente per il circolo dell'Alto Reno, non inviò alcun soldato, per cui il circolo elettorale-renano venne rappresentato soltanto dalle truppe di Treviri e da quelle di Kurpfalz e complessivamente soltanto dai due battaglioni del reggimento Hiltschen e dal singolo battaglione Greder. Solo dopo il 1706, l'elettore di Mainz, inviò alla Reichsarmée cinque compagnie moschettieri del reggimento Leyen (KR1), che precedentemente era stato assegnato al circolo alto-renano. Il loro organico teorico ascendeva a 700 uomini. La forza completa del reggimento Hiltschen (KR1) ascendeva nel 1702 a 12 compagnie moschettieri per complessivi 2000 uomini, mentre il battaglione palatino Greder (KR3) aveva sei compagnie moschettieri pari a 720 combattenti teorici.

▲ **Moschettiere del reggimento di Sachsen-Weimar** che, assieme al contingente di Eisenach, formò nel 1704 l'unica unità di fanteria inviata dal circolo dell'Alta Sassonia alla Reichsarmée. Illustrazione da una raccolta commemorativa di figurini militari, Weimar, 1902. Collezione Mugnai.

Musketeer of Sachsen-Weimar regiment. The only infantry unit of the Obersächsischer Kreis for the Reichsarmée. Mugnai collection.

A1- Grenadier Gemeiner: Reg.t zu Fuss Nassau-Weilburg; Oberrheinischer Kreis (OR6), ca.1705.
A2- Musketier Gemeiner: Reg. zu Fuss Reischach; Schwäbischer Kreis (Sw5), ca.1707.

A1

A2

B.Magnai & I.Cristini

TAVOLA A

Reg.t zu Fuss Regal (23), ca.1711:
B1– Zimmermann.
B2– Profoss.
B3/B4- Musketier Gemeiner.

TAVOLA B

C1- Fourierschütz, Reg. zu Fuss Nikolaus Palffy (4), 1717.
C2- Grenadier Feldwebel: Reg. zu Fuss Harrach (14), ca. 1718.
C3- Musketier Tambour: Regt zu Fuss Baden-Durlach (52) 1720.

B.Mugnai & L.Cristini

TAVOLA C

D1- Grenadier Gemeiner: Reg. zu Fuss Baden Durlach (58), ca.1717.
D2- Musketier Gemeiner: Reg. zu Fuss Jung Lothringen (49), 1717.
D3- Grenadier Offizier: Reg.t zu Fuss Browne (25), 1718.

TAVOLA D

E1- Musketier, Reg.t zu Fuss Kragen; Niedersächsischer Kreis (NS6) ca.1700
E2- Musketier, Reg.t zu Fuss Kanitz; Westphälischer Kreis (W4) ca.1704
E3- Grenadier Feldwebel, Reg.t zu Fuss Baden-Durlach; Schwäbischer Kreis (Swl), ca.1705

E1

E2

E3

B.Mugnai & L.Cristini

TAVOLA E

F1- Musketier Gemeiner, Reg.t zu Fuss Salzburg; Bäyerischer Kreis (Bl), ca. 1704
F2- Musketier Hauptmann, Reg.t zu Fuss Salzburg; Bäyerischer Kreis (Bl), ca. 1704
F3- Musketier Offizier Reg.t zu Fuss Rumhor; Obersächsischer Kreis (OS1), ca. 1705
F4 -Musketier Gemeiner, Reg.t zu Fuss Rumhor; Obersächsischer Kreis (OS1), ca. 1705

TAVOLA F

G1- Leibfahne e Kompanie-fahne, Hajducken Reg. Bagosy (H5)
G2- Kompanie-Fahne, Reg.t zu Fuss De Wendt (42), fino al 1705.
G3- Kompanie-Fahne, Reg.t zu Fuss Thürheim (33), dopo il 1705.
G4- Kompanie-Fahne, Reg.t zu Fuss Deutschmeister (31), dopo il 1705.

G1

G2

G3

G4

B.Mugnai & L.Cristini

TAVOLA G

H1

H3

H2

H4

H1- Leibfahne e Kompanie-fahne, Reg.t zu Fuss Harrach (14)
H2- Kompanie-Fahne, Reg.t zu Fuss Roth; Schwäbischer Kreis (SW3), ca.1703.
H3- Kompanie-Fahne, Reg.t zu Fuss Ansbach; Fränkischer Kreis (F3).
H4- Kompanie-Fahne, Reg.t zu Fuss Thost; Fränkischer Kreis (F4), ca.1703

TAVOLA H

CIRCOLO BAVARESE

Nel corso della guerra del Palatinato il circolo aveva formato un reggimento di due battaglioni, inviato all'armata del Reno nel 1694, ma sulla sua storia si conosce ben poco e altrettanto sulla sua provenienza, potendo comunque escludere il contributo dell'elettore di Baviera. Con lo scoppio della guerra di successione, l'assemblea dei 'Circoli Esterni', svoltasi a Nördlingen nel marzo del 1702, assegnò al circolo bavarese una sproporzionata matricola pari a oltre 15.000 uomini, mentre la maggior parte degli Stati del circolo si era addirittura espressa per la neutralità. Soltanto dopo il 1704 furono messe in assetto di guerra le prime due unità: un reggimento a piedi - fornito dal principe-arcivescovo di Salisburgo - più un singolo battaglione reclutato col concorso degli altri piccoli Stati, inviato alla *Reichsarmée* nel marzo del 1705. La forza a pieno organico del reggimento di Salisburgo era pari a 1.500 uomini su dodici compagnie moschettieri. Il battaglione aveva invece una compagnia di 154 moschettieri comuni e sottufficiali, due compagnie di 150 e due di 149, per un totale teorico di 754 combattenti, esclusi lo stato maggiore e gli altri ufficiali. Le due unità combatterono con molto valore durante la difesa di Freiburg nel 1713. Nel 1704 giunse dall'elettorato Palatino anche il reggimento Haxthausen (B2), come quota per il ducato di Neuburg. Quest'ultima unità rimase con la *Reichsarmée* fino al 1705, poi venne nuovamente mobilitata nel 1712, per il postamento mediano.

▼ **Battaglia di Blenheim-Höchstädt**
Combattuta il 13 agosto 1704. Fu la più fulgida delle vittorie ottenute dagli alleati Eugenio di Savoia e duca di Marlborough.
Incisione di Jean Huchtenburg at the Hague.

The Battle of Blenheim (sometime referred as the Second Battle of Höchstädt), fought on 13 August 1704, was a major battle of the War of the Spanish Succession.
Incisione di Jean Huchtenburg at the Hague.

CIRCOLO DELLA BASSA SASSONIA

Il più popoloso dei circoli - e anche quello che comprendeva alcuni dei più potenti Stati della Germania - aveva inviato truppe alla *Reichsarmée* già nel corso della guerra del Palatinato, ma non le riunì in contingenti associati e non formò neppure un vero e proprio *Kreis Directorium*. Nel 1689, per contrastare la minaccia francese sul basso

► **Moschettiere** di un reggimento imperiale, ca. 1706. Anche in questa immagine la lunghezza del giustacorpo e l'ampiezza dei paramani sono interpretati secondo i canoni ottocenteschi, tuttavia l'acconciatura dei capelli è pertinente con l'epoca in cui è collocato questo soldato.
Illustrazione da AA.VV. Geschi-chte des Österreichisches Heer, Vienna, 1880.

Musketeer of an Imperial regiment, 1706 about. Illustration from AA.VV. Geschichte des Österreichisches Heer, Vienna, 1880.

corso del Reno, giunse dai due ducati di Braunschweig Lüneburg un corpo di circa 5.600 uomini di fanteria, i quali parteciparono agli assedi di Mainz e Bonn, a fianco delle truppe imperiali e olandesi, agli ordini dell'elettore Massimiliano di Baviera. Anche il ducato di Braunschweig Wolfenbüttel inviò un corpo di quasi 2.000 soldati a piedi, che giunsero sul teatro di guerra dopo la riconquista delle due piazzeforti renane. Mentre le principali operazioni belliche si spostavano nelle Fiandre e sull'alto corso del Reno, diminuì anche la sollecitudine con la quale i tre duchi di Braunschweig avevano mobilitato le loro truppe. Nel 1691 rimanevano all'armata dell'Impero appena 2.500 fanti, sparsi fra Koblenz, Mainz e Bonn. Fino al termine del conflitto si avvicendarono sul teatro renano oltre 13 reggimenti, tutti appartenenti ai duchi di Celle, Kalemberg e Wolfenbüttel, compreso un battaglione proveniente dallo Holstein Gottorp, noleggiato dal futuro elettore di Hannover, il duca Ernst August di Lüneburg-Kalemberg; ma nonostante ciò la forza totale della fanteria non superò mai gli otto battaglioni del 1695, presenti nel corpo d'armata agli ordini del langravio di Hessen-Kassel.

I gravi torbidi che agitarono gli affari interni del circolo dopo la creazione dell'elettorato di Hannover, ostacolarono i già difficoltosi tentativi per la riunione di un *Kreis-Directorium*. La guerra di Successione Spagnola vide ancora una volta affidata alle iniziative dei singoli Stati la presentazione dei contingenti, che secondo la matricola di Regensburg, assommavano in *Triplum* a 12.000 combattenti.

Al ribelle duca di Braunschweig-Wolfenbüttel venne 'sequestrato' un corpo di fanteria di circa 4.000 uomini, di cui una parte fu inviata in Italia e infine assorbita nell'armata imperiale nel 1702. Altri due reggimenti marciarono per congiungersi all'armata sul Reno nella primavera di quello stesso anno. Uno di questi era mantenuto a spese dello stesso duca di Braunschweig, mentre l'altro era stato noleggiato dall'elettore di Hannover. Entrambi rimasero con l'armata del margravio del Baden fino al 1704; da quella data iniziarono una serie di avvicendamenti di truppe, che si protrassero fino al termine della guerra. I due reggimenti del Braunschweig erano strutturati ognuno su 8 compagnie moschettieri, per una forza di combattimento di 800 uomini. L'elettore di Hannover stipulò nel marzo del 1705 una convenzione col langravio di Hessen-Darmstadt, per il noleggio di sette compagnie moschettieri.

L'accordo venne rinnovato anno dopo anno, per cinque volte consecutive, fatta eccezione per il 1709, quando a causa della richiesta di un aumento del prezzo di noleggio da parte del langravio, l'elettore si rivolse al duca di Braunschweig, noleggiando sette compagnie del reggimento Bernstorff (NS14) Il contrasto si risolse l'anno seguente, quando elettore e langravio siglarono l'accordo che ripristinò il noleggio del contingente per tutta la durata della guerra.

Complessivamente fino al 1707 la fanteria del circolo non superò mai la forza di tre battaglioni. Solo quando l'elettore di Hannover divenne comandante dell'armata dell'Impero, giunsero altri corpi di fanteria, che portarono il totale delle truppe a piedi del circolo a 3.100 uomini. Ma nel 1710, dopo la rinuncia a quel posto, l'elettore ritirò tutta la sua fanteria, mobilitando soltanto il reggimento dello Hessen-Darmstadt. Nel 1712, quando l'Inghilterra si ritirò dal conflitto, l'emergenza che si verificò sul basso Reno fece registrare un aumento del contingente e così, nel giugno del 1713, fra Philippsburg, Mainz e Colonia erano stati mobilitati 2.400 uomini di fanteria.

CIRCOLO DELL'ALTA SASSONIA

Solo da due dei più piccoli membri del circolo, i ducati di Sachsen-Weimar e Sachsen-Eisenach, fu allestito, nell'aprile del 1704, un reggimento di fanteria composto da 10 compagnie moschettieri per un totale di 1.000 combattenti. Per tutta la durata della guerra di Successione Spagnola, questo fu l'unico contingente a piedi iscritto alla Reichsarmée e sebbene non esistesse da tempo un Kreis-Directorium, i due ducati si assunsero spontaneamente quote di reclutamento indipendenti dalla matricola ancora in vigore, che risaliva al 1521. La permanenza di questo reggimento con l'armata dell'Impero terminò il 20 agosto 1713 a Landau, quando dopo la resa della città fu internato dai francesi nella fortezza di Besancon; un anno dopo la conclusione della guerra rientrò in patria, ridotto al 50% della sua forza.

TABELLA A: Deutsch Regiment zu fuss (Regg. di fanteria tedesca):

Stato maggiore reggimentale
1 Obrist (colonnello)
1 Obrist Lieutenant (tenente-colonnello)
1 Obrist Wachtmeister (maggiore)
1 Quartiermeister (quartiermastro)
1 Auditor (uditore)
1 Wachtmeister Lieutenant (luogotenente-maggiore)
1 Wagenmeister (direttore del treno)
1 Proviantmeister (direttore della provianda)
1 Profoss (prevosto)
1 Regiments Feldscherer (capo infermiere)
1 Regiments Tambour (capo Musica)
1 Pater (cappellano)
Stato maggiore di una compagnia (fino al 1700):
1 Hauptmann o Capitan-Lieutenant (capitano)
1 Lieutenant (tenente)
1 Fähnrich (alfiere)
1 Feldwebel (sergente maggiore)
1 Führer (sergente)
1 Fourier (furiere)
1 Feldscherer (infermiere)
1 Musterschreiber (scrivano)
6 Korporal (caporali)
5 Fourierschutzen (trabante)

Tabella A continua

1 Feldscherer (infermiere)
1 Musterschreiber (scrivano)
6 Korporal (caporali)
5 Fourierschutzen (trabante)
4 Spielleuten (musicante)
1 Büchsenmeister (fabbro)
1 Zimmermann (zappatore)
12 Gefreiter (esenti)
124 Gemeiner Musketier (moschettieri comuni)
8 Grenadier (granatieri)
N.B. Nei reggimenti dove si usava ancora la picca, i Pikenier erano in proporzione di 1 ogni 4/5 Musketier.
7 conducenti con:
1 vettura per la provianda con un traino di 4 animali
1 vettura per i vivandieri con 4 animali
2/3 vetture per i bagagli con un traino di due animali
Inoltre: da 6 a 8 cavalli per gli ufficiali.
Ogni quattro compagnie si assegnava 1 carro per i 'Cavalli di Frisia' con un traino di 2 animali e 1 conducente.
Ogni reggimento disponeva di 4/5 carri per le tende (ogni carro conteneva 200 tende) con un traino di 2 animali e 1 conducente.
Per ogni reggimento erano consentiti fino a 43 vetture private fino al 1701, poi il loro numero fu portato a 58.

TABELLA B:

Stato maggiore di una compagnia granatieri (dal 1700):

1 Hauptmann, 1 Lieutenant, 1 Unter Lieutenant, 1 Feldwebel, 1 Fourier, 1 Feldscherer
4 Korporal 2/3 Fourierschützen
9 Spielleuten 86 Gemeiner Grenadier
3/4 cavalli per gli ufficiali e uno per il Fourier.

Stato maggiore di una compagnia moschettieri (dal 1706):

1 Hauptmann, 1 Lieutenant, 1 Fähnrich
1 Feldwebel, 1 Führer, 1 Fourier, 1 Feldscherer, 1 Musterschreiber
6 Korporal 2/3 Fourierschutzen 3/4 Spielleuten
1 Büchsenmeister, 1 Zimmermann, 10 Gefreiten, 108 Gemeine Musketier
6-7 conducenti con lo stesso numero di veicoli della tabella A.
Inoltre: 3/4 cavalli per gli Ufficiali.

Dal 1703 tutti i carri delle tende erano compresi col traino d'armata .

TABELLA C:

Stato maggiore di una compagnia moschettieri (dopo il 1711):

1 Hauptmann, 1 Lieutenant, 1 Fähnrich
1 Feldwebel, 1 Fuhrer, 1 Fourier, 1 Feldscherer, 1 Musterschreiber
6 Korporal 2/3 Fourierschützen 3/4 Spielleuten
1 Buchsenmeister, 1 Zimmermann, 12 Gefreiter, 118 Gemeiner musketier
6-7 conducenti con lo stesso numero di veicoli della tabella A.
Inoltre: 3/4 cavalli per gli Ufficiali.
Per regolare l'amministrazione interna, e in special modo quella inerente agli approvvigionamenti di ciascuna compagnia, questa si divideva in 'Korporalschaften' (caporalati) e in 'Kameradenschaften' (camerate), affidate agli esenti. Quest'ultima suddivisione rappresentava gli uomini che dormivano nella stessa tenda.

TABELLA D:

Hajducken Regiment (Reggimento di fanteria ungherese)

Stato maggiore reggimentale:
1 Ezrèdes (colonnello)
1 Alezredes (tenente-colonnello)
1 Ornagy (maggiore)
1 Quartiermeister (quartiermastro)
1 Joggyakornok (uditore)
1 Fohadnagy-Ornagy (luogotenente-maggiore)
1 Wagenmeister (direttore del treno)
1 Proviantmeister (direttore della provianda)
1 Prépost (prevosto)
1 Sebész (chirurgo)
1 Pater (cappellano)
Stato maggiore di una compagnia (fino al 1698):
1 Kapitàn (capitano)
1 Fohadnagy (tenente)
1 Futàr (alfiere)
1 Fotorzomester (sergente maggiore)
1 Ormester (sergente)
1 Fourier (furiere)
1 Betegàpolò (infermiere)
1 Irnok (scrivano)
6 Tizedes (caporali)
2 Dobos (musicanti)
1 Kovàcs (fabbro)
91 Hajduck (aiduchi)
2 conducenti con una vettura di provianda. 1 carro per le tende per ogni reggimento. Inoltre: 3-4 cavalli per gli ufficiali.
Stato maggiore di una compagnia (dal 1702 al 1705)
1 Kapitàn, 1 Fohadnagy, 1 Futàr,
1 Fotorzomester, 1 Ormester, 1 Fourier 1 Betegàpolò, 1 Irnok
12 Tizedes, 3 Dobos, 1 Kovacs, 178 Hayduck

nero   bianco   giallo   rosso   azzurro   verde   arancio   marrone

▲ A sinistra: **Kompanie-Fahne, Reg.t zu Fuss Guidobald Stahremberg (3)**. Una delle dodici bandiere perdute da questo reggimento a Castelnuovo Bormida, l'11 gennaio 1704. Quando furono esposte a Notre Dame a Parigi, cinque erano ancora montate sull'asta e recavano in due casi un puntale più piccolo. A destra: **Kompanie-Fahne, Reg.t zu Fuss Wallis (21)**. Il reggimento perse questa bandiera a Castiglione delle Stiviere, il 9 settembre 1706. L'ovale in basso racchiudeva l'arma dei Wallis: al 1° e 6°: d'oro, un leone rampante d'azzurro; al 2° e 3° : di rosso, un sinistroscero al 2° e un destroscero al 3° di argento con la mano di nero; al 4° e al 5°; d' argento, un torrione d'azzurro; in cuore d'oro, un albero al naturale, Elmi col *Vol-Banneret* d'azzurro e d'oro, di rosso e di bianco, di nero e d'oro. Sul puntale era incisa la scritta GEORGES OLIVER COMES WALLIS UNIUS LEGIONIS TRIBUNUS e sull'altro lato era raffigurata Santa Barbara con l'iscrizione incompleta: "Ste BARBARA V. ET M. UNA EX QUAT0RDECIM".
In basso: legenda dei colori.

at left: Kompanie-Fahne, Reg.t zu Fuss Guidobald Stahr-emberg (3). At right: Kompanie-Fahne, Reg.t zu Fuss Wallis (21). Below: colour reference for all the illustrated flags in black and white in the book.

LE UNIFORMI E L'EQUIPAGGIAMENTO

Negli anni compresi fra la fine della guerra dei Trent'anni e i primi del XVIII secolo avvenne nell'Europa occidentale un profondo cambiamento nell'abbigliamento e nell'equipaggiamento militare che, dalla sostanziale identità col costume civile, avrebbe portato alla nascita dell'uniforme, cosi come oggi viene modernamente intesa. I canoni dell'abbigliamento militare moderno si erano irradiati ovunque e l'aspetto del soldato era quasi lo stesso a Vienna, a Parigi, Madrid o a Stoccolma. Purtroppo pochissimi reperti originali sono giunti fino a noi - nella maggior parte dei casi solo parti di equipaggiamento - mentre per quanto riguarda il vestiario si sono conservati solo i capi fabbricati in metallo o quelli in cuoio. L'aspetto della fanteria imperiale è pertanto documentato quasi soltanto dalle illustrazioni e dalle descrizioni contenute nelle storie reggimentali. Invece riguardo l'arma-mento si possiedono più ragguagli, grazie alle stupende raccolte di armi del Landzeughaus di Graz e della Waffensammlung viennese, dove sono conservati moschetti e armi bianche ancora in perfetto stato.

LA FANTERIA TEDESCA

Nel progressivo avvicinamento ad uno standard di omogeneità nell'abbigliamento dei loro soldati, l'esercito di Casa d'Austria si trovava piuttosto in ritardo rispetto a quelli delle maggiori potenze europee. Fino al 1697 l'uniforme della recluta non rappresentava alcun capitolo di spesa per il tesoro statale, in quanto queste incombenze venivano interamente assolte dal colonnello proprietario del reggimento e questa era la cause fondamentale della diversità di fogge fra un'unità e l'altra. Alla fine del XVII secolo non era stato ancora stabilito un colore identico per i giustacorpi della fanteria. La scelta dei tessuti spettava ai colonnelli proprietari, che affidavano ad aziende appaltatrici la confezione dei capi di vestiario per le loro truppe. Sul gusto personale del committente incidevano anche la disponibilità delle pezze e il loro prezzo sul mercato. I bei tessuti blu-indaco, provenienti dall'Olanda o dall'Inghilterra, accrescevano l'eleganza di un reggimento e il loro costo era il sicuro indizio della munificenza del proprietario; ma i giustacorpi grigi mascheravano meglio il deterioramento del tessuti e lo sporco, e inoltre costavano molto meno. Nel 1696 dei 28 reggimenti di cui si conoscono i colori dell'uniforme 21 erano vestiti con giustacorpi grigio-perla e uno grigio scuro, altri quattro avevano giustacorpi blu oppure azzurri, uno li aveva verdi e un altro bianchi. L'utilizzo di tessuti di vari colori continuò certamente fino al 1707; infatti, in una lettera all'Imperatore scritta nel dicembre di quell'anno, il principe Eugenio notava che: "(nonostante) la maggior parte dei reggimenti vesta abiti grigio-bianchi o perlati ...(alcuni) quali: Ossnabrugg (sic), Bareith (sic!) e Wetzel sono completamente verdi o blu." Con molta probabilità, il principe Eugenio aveva in mente le omogenee e impeccabili fanterie inglesi, prussiane e danesi, osservate in azione in Italia e in Baviera e sicuramente poneva l'accento sull'abbigliamento per richiamare l'attenzione del sovrano e stabilire una regola riguardo le uniformi. Per contenere le spese lo *Hofkriegsrath* aveva raccomandato che nelle ordinazioni degli abiti per la fanteria, si avesse riguardo per i tessuti grigi, prodotti dalle manifatture di Iglau e della Moravia, ma l'autonomia dei colonnelli proprietari o le particolarità legate all'origine dei reggimenti, non avevano fatto cessare queste difformità. L'ordinanza dello *Hofkriegsrath*, che imponeva l'adozione del grigio-perla, venne applicata interamente solo dopo il 1708. Anche nella fanteria dei circoli dell'Impero il grigio o il grigio-bianco venne adottato in prevalenza nei circoli di Svevia, Franconia e, più tardi, in quello di Baviera. Anche la fanteria degli elettori di Treviri e di Mainz, aveva giustacorpi grigi già dalla fine del seicento. Nei circoli dell'Alto-Reno e della Bassa-Sassonia, la fanteria era abbigliata invece con giustacorpi blu o rossi, colori tradizionali delle fanterie dello Hessen-Darmstadt, del Braunschweig Wolfenbüttel, e di Hannover. Nonostante le particolarità esistenti fra i diversi reggimenti, alla fine del 1600 il vestiario del fante imperiale aveva già definito alcuni caratteri propri e facilmente riconoscibili come appartenenti al costume militare dell'area austro-tedesca. Le caratteristiche principali dell'abbigliamento erano individuabili già nel giustacorpo, detto *Rock*, il quale aveva un solo petto ed era lungo fino alle ginocchia. Il tessuto era cucito a doppio strato per aumentare l'impermeabilità; certi reggimenti avevano il panno della fodera di un colore differente. Una singola fila di bottoni, solitamente per tutta la sua lunghezza, chiudeva anteriormente il giustacorpo e altri due o più bottoni lo chiudevano posteriormente sul taglio del 'vento'. All'altezza dei reni altri due bottoni guarnivano il vertice delle pieghe delle falde posteriori, per dare al giustacorpo un po' di garbo. Il colletto era privo di risvolto e terminava, molto basso, alla fine del petto, con le estremità anteriori ad angolo retto. Le maniche, molto attillate, terminavano con degli ampi paramani la cui foggia poteva essere di varie forme: rotondeggianti attorno all'avambraccio; tagliate alla maniera del risvolto di uno stivale; con una piega posteriore che conferiva al paramano una forma più allungata. I risvolti dei paramani erano quasi sempre chiusi da almeno tre bottoni, ma verso la fine del XVII secolo, secondo la moda del tempo, potevano essere in numero maggiore oppure mancavano del tutto. Le patte delle tasche erano di forma piuttosto semplice e non avevano quella funzione di identificazione fra i reggimenti, in uso ad esempio nella fanteria francese. La forma più comune delle patte era a trapezio rovesciato, chiuse da tre fino a cinque bottoni. Sotto il *Rock* si indossava il *Kamisol* - la veste- la cui lunghezza era inferiore a quella del giustacorpo e le maniche erano prive di risvolti. Normalmente lo stesso disegno delle tasche del *Rock* era replicato anche sul *Kamisol*. Alla fine del XVII secolo molti reggimenti indossavano delle vesti in pelle, poi il loro uso si fece più raro e scomparve quasi del tutto col nuovo secolo. Quando non si trovava comandato ai servizi armati quali la sentinella, la ronda, o i picchetti d'onore, e se il tempo lo permetteva, il soldato vestiva con il solo *Kamisol* e lasciava il giustacorpo in caserma o nella tenda dove, per meglio conservarlo: "...lo lasciava appeso a rovescio." Il soldato non indossava il *Rock* nemmeno durante il lavoro al campo, o alle trincee, o nelle marce, e non era una rarità che rimanesse solo con il *Kamisol* pure negli scontri a fuoco. Anche in battaglie 'preparate', come quella di Peterwardein nell'agosto del 1716, fu concesso alla fanteria di lasciare i giustacorpi alle tende e mitigare la stagione afosa. In effetti l'abbigliamento di quel tempo, più che alla comodità, era improntato alla protezione dalle intemperie e dai rigori della brutta stagione, e non ci si deve sorprendere se il conte von Regal si sia espresso in maniera cosi laconica sull'aspetto dei soldati: "...non è importante se un'uniforme è coperta di macchie, purché non sia cosi lacera che il soldato non possa coprirsi tutto il corpo."

I calzoni erano lunghi fin sotto le ginocchia e, seguendo la moda, diventarono sempre più attillati man mano che ci si allontanava dal XVII secolo. Nell'arredo del soldato erano previste due paia di calzoni, uno di tessuto come il giustacorpo - per la stagione invernale - e uno di sola tela o 'traliccio' per i mesi caldi. Contemporanei dei *Kamisol* in pelle erano abbastanza comuni anche i calzoni dello stesso materiale; quelli invernali erano normalmente foderati di panno. Le estremità inferiori terminavano con una correggia, chiusa da una fibbia, oppure abbottonata sotto il ginocchio; ma questo accessorio diventava invisibile perché restava coperto dalle calze, o dalle ghette. L'uso di questo capo di vestiario non si era ancora generalizzato in Austria e alla fine del seicento le ghette erano indossate solo con i calzoni di tela. Una delle prime fonti iconografiche in cui appare documentato l'uso delle ghette sono le illustrazioni del regolamento Wallis del 1705, nelle quali sono raffigurati moschettieri e granatieri, tutti equipaggiati con ghette, sottufficiali compresi. Questi disegni, forse opera dello stesso colonnello Wallis, rappresentano anche una preziosa testimonianza riguardo i cambiamenti avvenuti nel taglio del giustacorpo. Moschettieri e granatieri indossano un *Rock* con ampi paramani privi di bottoni; sul petto, per tutta la lunghezza delle falde, appaiono dei risvolti che mostrano il colore della fodera e sono tenuti in questa posizione da una striscia di tessuto dietro i fianchi, con bottoni da un lato e degli occhielli dall'altro: un accorgimento unico nel suo genere. Il giustacorpo, cosi modificato, ricorda abbastanza quello dei granatieri del Brandeburgo-Prussia e, con molta probabilità, era realmente ispirato dagli abiti del corpo di fanteria prussiano, che in quello stesso anno si trovava in Italia settentrionale nell'armata del principe Eugenio. I risvolti sul petto – *Rabatten* - erano comparsi nelle uniformi dei soldati della Germania del nord già alla fine del Seicento e derivavano a loro volta da quelli degli abiti della fanteria svedese. L'imitazione dei modelli prussiani da parte del Wallis è ulteriormente comprovata dalla foggia dei paramani del *Rock* di un sottufficiale dei granatieri, la cui forma è molto simile a quella dei primi paramani 'brandeburghesi', nei quali veniva aggiunta sulla parte esterna della manica una patta di stoffa chiusa da tre bottoni e guarnita con una pistagna del colore della fodera.

Un evidente influsso dello stile 'alla svedese' compare invece nei *Rock* del reggimento Thürheim (33), nel quale la forma del *revers* sul petto è sostanzialmente simile a quella presente sugli abiti della fanteria di Carlo XII. Se la data a cui risale la fonte originale è autentica, cioè il 1708, questo sarebbe il primo caso documentato in cui questi risvolti compaiono nelle uniformi austriache del XVIII secolo. Non è improbabile che questa moda non fosse adottata anche in altri reggimenti già a partire da quegli anni; in ogni caso dieci anni dopo il reggimento Aremberg (ex Thürheim) aveva ancora un *Rock* con risvolti rossi al petto. Nel 1716, per migliorare l'abbigliamento del soldato a piedi e per potenziare la precedente riforma, si stabilì una rego-lamentazione più accurata dell'uniforme. Il colore grigio perla, che tendeva a scolorire piuttosto facilmente, fu gradualmente sostituito dal bianco perlato, colore che sarebbe rimasto per quasi due secoli quello tradizionale della fanteria austriaca. La riforma mirava per la prima volta a regolare l'abbigliamento dei comuni e quello dei graduati di truppa ed estenderne l'applicazione in tutti i reggimenti. Ma la riforma riuscì solo parzialmente, poiché la *Hofkammer* non fu in grado di coprire interamente le spese e perciò, ancora una volta, i reggimenti dovettero provvedere per loro stessi. A giudicare dalle fonti iconografiche o dalle memorie reggimentali degli anni attorno fra il 1716 e il 1718, la completa omogeneità nella foggia delle uniformi non fu pienamente raggiunta, ma complessivamente molti elementi dell'abbigliamento si erano razionalizzati e l'aspetto globale aveva assunto un carattere decisamente più moderno. Il giustacorpo era adesso leggermente più ampio e anteriormente si chiudeva con un doppio petto, quasi sempre con una fila di sei bottoni per parte, cuciti in successione uno, due e tre. Le falde erano raccolte ai fianchi e tenute assieme da un bottone oppure cucite. Altri reggimenti avevano introdotto risvolti sul petto del *Rock*, di foggia simile a quella del già citato giustacorpo del reggimento Thürheim. Altri dettagli dell'abbigliamento erano stati migliorati o ampliati, come l'adozione da parte dei granatieri di un paio di guanti in pelle dalle ampie manopole. Le calzature non avevano subito variazioni, erano in cuoio, sempre verniciato di nero, con tacco e suole piuttosto, alte che conferivano alla figura quel caratteristico aspetto impettito; erano quadrate in punta e quelle della truppa erano chiuse da stringhe infilate in due o tre coppie di occhielli; non esistevano la destra e la sinistra, sarebbe stato l'uso a modellarle. Per renderle più confortevoli si utilizzavano delle solette, ricavate col feltro dei vecchi tricorni; questo serviva anche a tenere il piede asciutto. Le scarpe degli ufficiali erano naturalmente di foggia più elegante e invece che dalle stringhe erano chiuse da una fibbia metallica.

▼ **Grenadier Gemeiner** del regg. Guidobald Stahremberg, ca. 1704.

Grenadier Gemeiner of the Guido- bald Stahremberg regt 1704 about.

Adottato universalmente in tutta Europa, il tricorno di feltro nero era il copricapo ordinario dei moschettieri; nell'esercito imperiale fu sicuramente in uso già alla fine degli anni ottanta del XVII secolo. La forma del tricorno era ottenuta semplicemente rialzando la tesa dei cappelli rotondi secenteschi, perciò all'inizio le sue dimensioni erano piuttosto voluminose, poi, con gli anni divennero più modeste, fino a raggiungere nel secondo decennio del XVIII secolo le proporzioni ridotte tipiche dell'area austro-tedesca. Negli ultimi anni del Seicento e i primi del Settecento, l'orlo della tesa era quasi sempre abbellito con un gallone di nastro giallo, o più spesso bianco, ma in altri casi mancava del tutto e serviva a distinguere i comuni dai caporali e dalla *Primaplana*. A giudicare ancora dalle illustrazioni del regolamento Wallis, una copertura di tela avvolgeva i tricorni, per ripararli dalla polvere o dalla pioggia.

Il tricorno era anche il copricapo dei picchieri, che avevano abbandonato il cappello di ferro o altri tipi di protezione metallica della testa, già verso gli anni Settanta del XVII secolo. Con molta probabilità continuarono a restare in uso delle 'segrete' metalliche da indossare sotto i cappelli di feltro. I copricapo dei granatieri erano invece i superbi *Pelzmütze* - berrettoni di pelliccia - che ingigantivano l'aspetto del soldato e gli conferivano un'aria particolarmente spavalda. Questo copricapo era certamente l'elemento più bello e più tipico dell'uniforme della fanteria imperiale e fece la sua apparizione attorno agli anni Settanta del XVII secolo; nelle sue linee essenziali non subì variazioni significative per oltre un secolo. Il *Pelzmütze* era infatti costituito da un berretto di panno che si allungava a forma di borsa, normalmente del colore distintivo del reggimento; anteriormente era applicata una piastra metallica o di cuoio, ricoperta di pelliccia di pecora dipinta di nero, che guarniva tutto il berretto. La borsa veniva abbellita da uno o più galloni di nastro bianco lungo le cuciture, e da motivi geometrici disposti nel senso della lunghezza, ma altre volte era semplicemente guarnita da una nappa di stoffa bianca o gialla all'estremità. Agli inizi del XVIII secolo esistevano certe piccole differenze di foggia fra i *Pelzmützen* che durarono oltre gli anni Cinquanta del Settecento. Un altro copricapo indossato dai granatieri era la mitria; usata tradizionalmente nei reggimenti reclutati dai principi protestanti della Germania. Nell'esercito dell'imperatore l'utilizzo della mitria è documentato una sola volta, nel reggimento Bayreuth (37), ceduto nel 1701 dal margravio Ernst di Brandemburg-Bayreuth. E' abbastanza probabile che anche nelle altre unità protestanti, come il reggimento Vitry (30), ceduto dal duca di Braunschweig-Lüneburg Hannover, oppure il reggimento Stüttgart (32) e il Württemberg (20), provenienti dall'omonima signoria sveva, i granatieri fossero coperti con questo tipo di copricapo, almeno nei primi anni del loro servizio in Austria. Durante i servizi lavorativi e anche nelle marce - e soprattutto nei momenti liberi - tutti i soldati indossavano un copricapo detto *Holzkappe*. Si trattava di un berretto di cui esistevano più fogge; solitamente era fabbricato con i vecchi tricorni, ma poteva provenire dalla dotazione del reggimento che adottava cappelli originali della regione in cui normalmente reclutava i propri uomini. In quegli anni il copricapo era un elemento indispensabile dell'abbigliamento di tutte le classi e chi si presentava agli altri senza cappello passava per uno stravagante o per uno straccione. Nell'esercito non solo era motivo di decoro vestire correttamente anche nei momenti liberi, ma soprattutto era importante che i soldati fossero distinti dai civili e scongiurare così la possibilità di disertare con più facilità. Quale segno distintivo ulteriore ogni soldato portava sul copricapo un rametto di quercia in estate o un mazzetto di paglia in inverno. Il regolamento Regal parla anche dei distintivi di compagnia che erano portati sul tricorno dei moschettieri. Questi distintivi erano dei bottoni colorati, attaccati sul lato sinistro del cappello: la *Leib-Kompanie* lo aveva bianco; la *Obrist-Lieutenant* verde; la *Obrist-Wachtmeister* blu; le altre lo montavano arancione; rosso scuro; marrone caffè; grigio-cenere; verdemare e bianco; blu e bianco; rosso e bianco; nero; giallo e bianco; marrone e bianco; grigio e bianco; verde chiaro e bianco. Rispetto al vestiario l'equipaggiamento risultava molto più uniforme, tanto quello dei moschettieri che dei granatieri, poiché lo si fabbricava in massima parte negli arsenali viennesi e agli inizi del XVIII secolo aveva ormai assunto quelle caratteristiche destinate a restare invariate per oltre venticinque anni. La *Patrontasche* – giberna - stava appesa a una larga fascia di cuoio passante sopra la spalla sinistra e si riuniva poi all'altezza dell'anca destra. Era sempre composta da due parti, una esterna - formata da una copertura in cuoio verniciato di nero o al naturale - e che occasionalmente recava incisa l'arma imperiale, e da una parte interna, che conteneva una bottiglietta metallica con l'olio per lubrificare

l'arma, due spilli per sfoconare, un porta miccia in legno e le 24 cartucce complete della palla.
Alla bandoliera si appendeva la fiaschetta della polvere che ricadeva all'altezza del fianco destro.
Attorno alla vita si indossava la cintura, che nella parte sinistra aveva appeso il fodero della baionetta, infilato in un astuccio di cuoio dalla caratteristica forma a scudetto. Sempre sulla parte sinistra pendeva il fodero della spada. Fino al 1700 non tutti i reggimenti erano equipaggiati di spada e baionetta contemporaneamente; prima della riforma del 1708, l'armamento veniva stabilito dal colonnello proprietario e perciò ogni reparto era diversamente dotato. Inoltre attorno al 1680-90 la presenza delle picche rendeva inutile la baionetta, che infatti diventò sempre più frequente man mano che le armi d' asta iniziarono a scomparire. Anche la presenza o meno della spada era vincolata dalla picca, ma in definitiva erano le condizioni economiche quelle che determinavano il vero assetto dell'armamento. Nonostante che la maggior parte delle fonti risalenti ai primi anni del settecento mostrano soldati senza spada, il regolamento Regal ci informa che i moschettieri di quel reggimento ne erano invece dotati. La spada scompare definitivamente dall'armamento della fanteria nel 1715 e il suo utilizzo viene riservato soltanto ai caporali, sergenti e al resto della *Primaplana*. Alla fine del Seicento i granatieri portavano la giberna come i moschettieri e sopra la stessa si portava anche una borsa di grossa tela o di pelle contenente le granate; inoltre, sulla bandoliere della giberna, si applicava un portamiccia in ottone. In qualche caso, per meglio trasportare tutto questo carico, sulle spalle del *Rock* erano cucite delle patte di stoffa. In seguito alcune migliorie vennero introdotte per rendere meno ingombrante l'equipaggiamento del granatiere, la giberna delle munizioni e dei piccoli accessori fu ridotta di dimensioni e appesa alla cintura, mentre la borsa con le granate continuò ad essere portata a tracolla. Durante le marce i fanti portavano anche uno zaino, il *Tornister*, portato a tracolla sulla spalla destra mediante una correggia di a bandoliera e generalmente costituito da una sacca di tela grezza, o di pelle di vitello o ancora di montone, pelliccia compresa. Lo zaino serviva a contenere gli effetti personali del soldato, compreso il suo corredo personale. Una volta arruolato e giunto al reggimento, il soldato riceveva l'equipaggiamento al completo, sostituito ogni due anni, mentre ogni dodici mesi doveva ricevere due paia di camice, due paia di calze e un paio di scarpe nuove.

L'armamento

Alla fine del Seicento le armi da fuoco della fanteria erano ancora i moschetti a miccia, in quanto i fucili con il sistema di sparo a batteria non erano prodotti in numero sufficiente; in altri casi le armi erano una combinazione di differenti tipi di meccanismi di sparo.
I moschetti a miccia avevano una lunghezza media di 160-165 cm, con calibri che variavano da 18,8 a 18,2 mm. e che sparavano palle dal peso che oscillava dai 30 ai 35 grammi a seconda del caso. Il peso totale del moschetto oscillava fra i 5 e i 6 Kg. e la sua gittata utile era di 300 passi. I fucili a batteria, o a martellina erano più corti di 8-5 cm. e pesavano fra 200 e 400 grammi in meno dei moschetti, in modo da consentire un maneggio migliore quando lo si armava con la baionetta. Il calibro dei moschetti a pietra era più uniforme, essendo compreso fra i 17 e i 17,5 mm.; la palla pesava circa 25 grammi e la gittata utile raggiungeva quasi i 500 passi, sebbene – come il moschetto a miccia – sopra i 200 passi si dimostrava di scarsa efficacia. Il calcio e la cassa erano in legno, reso più scuro applicando una mano di vernice; la bacchetta di legno con il battipalla in ferro si estraeva in tutti i modelli dall'alloggiamento presente sotto la canna. In ogni compagnia erano in consegna agli esenti anche quattro bacchette di ferro, composte da più pezzi da avvitarsi, utili per estrarre le palle inceppate nella canna.
Per sopperire all'aumento di effettivi della fanteria, verificatosi fra la fine del 1600 e gli inizi del 1700 e per ovviare al funzionamento difettoso dei primi fucili a pietra, molti moschetti furono modificati con l'aggiunta di meccanismi a ruota o a miccia. Queste armi restarono in uso per diversi anni, tanto che nel 1705 alcuni reggimenti dell'armata d'Italia avevano ancora moschetti dotati di doppio meccanismo di sparo. La maggior parte dei moschetti modificati era composta da un serpentino a miccia nella parte anteriore e di un cane in quella posteriore. L'aggiunta del sistema di sparo a ruota risulta meno

comune. Da un lato la doppia combinazione garantiva sempre il funzionamento dell'arma, poiché soprattutto i meccanismi a ruota si guastavano con molta facilità e la pietra si consumava molto presto. Il fucile a batteria di tipo perfezionato veniva prodotto negli arsenali viennesi di Seilerstatte a partire dal 1684, ma la sua completa adozione avvenne soltanto nel 1710. Il vecchio moschetto non scomparve del tutto dai campi di battaglia, ma tornò ancora una volta a sparare durante l'assedio dei francesi a Freiburg, nel 1713, quando fu necessario ricorrere a queste vecchie armi custodite nell'arsenale per equipaggiare una parte della guarnigione, ma nonostante molti soldati conoscessero il vecchio moschetto: "...essi non conservano più la memoria del suo funzionamento e in tanti si bruciano le dita "

Dopo l'accantonamento delle baionette che si infilavano direttamente nella bocca del fucile, si introdussero quelle inastate per mezzo di una ghiera, bloccata dalla tacca del mirino della canna. La lama aveva la sezione triangolare ed era lunga circa 40-45 cm. Fino a quando rimase nella dotazione delle armi della fanteria, la picca aveva una lunghezza di 4 o anche 5 metri; la punta di ferro 'a lingua di carpio' misurava circa 30 cm. compresa la lama. In una delle rare illustrazioni in cui appare un picchiere, questo è mostrato con un'arma dall'asta decorata i colori reggimentali e guarnita da un pennone a due code attaccato sotto la punta. Un attrezzo caratteristico della fanteria di Casa d'Austria ero lo *Springstock*, un singolare strumento in uso presso alcuni reggimenti e la sua funzione era analoga al bastone da salto dei montanari tirolesi. Si trattava infatti di un'asta di legno lunga 180-200 cm., con un puntale in metallo a un estremità e un pomello di legno dall'altra. Lo *Springstock* era usato ancora alla fine del XVII secolo anche dagli ufficiali; il

▲ **A sinistra Leibfahne** di un reggimento di fanteria dell'armata di Catalogna, conservata nell'Armeria reale di Madrid fino al 1884. I caratteri di questo drappo sono inequivocabilmente asburgici, ma l'inserimento della croce rossa di Sant'Andrea allude chiaramente alle insegne spagnole. Il drappo è stato identificato nel 1993 da Pierre Charrie come **bandiera colonnella del reggimento Wallis zu Fuss**. Questa ipotesi non è tuttavia confermata dalla presenza del reggimento nella penisola, in quanto risulta di presidio nel Regno di Napoli dal 1708 al 1714. Il campo della bandiera mostra tuttavia caratteristiche probabilmente comuni anche alle insegne dei reggimenti spagnoli e italiani nell'armata dell'arciduca Carlo. Lo stemma ai piedi dell'aquila é molto simile a quello dei marchesi de'Marulli (d'azzurro, un leone d'oro, sormontato da una croce greca), dei quali uno di questi fu colonnello proprietario di un reggimento di fanteria dal 1711 al 1721, che servì in Catalogna fino al 1713. Purtroppo gli altri elementi del drappo non sono leggibili e non aiutano a identificare con certezza questa insegna. Nel 1884 la scritta sotto lo stemma aveva perduto le ultime lettere. Un'altra iscrizione in latino compariva sull'ovale sopra l'immagine della Madonna: "MARIA VIRGO REGINA COELI LAETARE ALLELUYA", e su entrambi i lati dell'immagine sacra vi erano le parole in greco:MPHIOPTO-ETIHKOOZ. **A destra: Kompanie-Fahne, Reg.t zu Fuss Leyen (OR7 e KR1).**. La croce bianco e rossa e la ruota di carro sono gli elementi principali dello stemma dell'elettorato di Mainz.

At left: Bandera Coronel, Regt Marulli (?).
At right: Kompanie-fahne, Reg.t zu Fuss Leyen (OR7 e KRi).

loro attrezzo aveva l'asta dipinta di nero e le parti metalliche erano in ottone e al posto del pomello di legno se ne montava uno in metallo dorato, con l'aquila imperiale sbalzata, o uno scudetto a forma di cuore con le armi imperiali. Agli inizi del nuovo secolo il loro uso stava lentamente scomparendo, ma fra gli ufficiali lo conservarono ancora gli Alfieri, quando non portavano la bandiera.

Per chiudere con l'armamento della fanteria vanno infine ricordati i 'cavalli di Frisia', arma difensiva particolarmente usata nelle guerre contro i turchi. Erano formati da una trave di legno, lunga 280 cm., di sezione quadrangolare con il lato di 10-12 cm. Alle estremità, che costituivano le testate, erano infissi un gancio e un anello per poter essere collegate fra loro; il rimanente della trave era traforato a intervalli di 32 cm., in un senso e nell'altro della sezione. Nei fori veniva infilato lo *Schweinsfeder* (letteralmente spiedo da maiale), un'asta lunga 170 cm., dotata di un puntale di ferro; nel mezzo dell' asta era conficcato perpendicolarmente un chiodo di ferro, che costituiva l'arresto dello Schweinsfeder. Per formare un 'cavallo' occorrevano nove aste. I granatieri li posizionavano durante i combattimenti sulla fronte dei battaglioni, ma all'occorrenza anche i moschettieri erano addestrati a farne uso; la loro istruzione prevedeva anche il maneggio dello *Schweinsfeder* assieme al moschetto.

CAPORALI E SOTTUFFICIALI

Durante gli anni fra il 1690 e il 1715 l'abbigliamento dei sottufficiali non differiva granché da quello dei soldati semplici; il loro rango era individuato mediante accorgimenti a volte differenti fra un reggimento e l'altro, alcuni di questi si sarebbero poi affermati in tutto l'esercito. L'uso di invertire i colori del giustacorpo sembrerebbe poco usato alla fine del secolo e riservato principalmente ai musicanti e ai *Fourierschützen*. In un solo caso è documentato un *Feldwebel* - appartenente al reggimento Württemberg (10) - che indossa nei primi anni del Settecento un *Rock* rosso carminio con galloni bianchi. L'abito rosso era del resto peculiare della casa di Württemberg e probabilmente era questo il vero motivo dell'adozione di un colore differente dal resto della truppa. Infatti, nel 1716, tutta la *Primaplana* del reggimento aveva ancora giustacorpi rossi. I caporali e i sergenti dei moschettieri erano facilmente riconoscibili in servizio dall'alabarda, lunga dai 250 ai 280 cm. compresa la lama. La forma delle lame si era già standardizzata verso la fine del XVII secolo e rimase invariata per molti anni. In certi reggimenti si individuava il rango del sottufficiale nella maniera in cui doveva portare l'alabarda nello schieramento. In quel caso i sergenti tenevano l'alabarda alla loro destra, mentre i caporali la portavano a sinistra. Lo stesso metodo era osservato dai sottufficiali dei granatieri, che invece dell'alabarda avevano il moschetto, quello dei sergenti e degli ufficiali era sempre con la baionetta inastata. Quando la presenza delle armi non era richiesta, un bastone da passo sostituiva l'alabarda o il moschetto; questo poteva essere portato anche in combattimento, aderente all'arma, oppure attaccato mediante una cordicella a un bottone del giustacorpo, ma in quel caso solo dai sergenti, poiché il bastone dei caporali era privo di cordicella. Uno dei sergenti delle compagnie moschettieri aveva il rango di *Führer*, ovvero guida, e a lui spettava il compito di portare la bandiera durante le marce, pertanto, in un certo senso 'guidava' la compagnia, ma nei combattimenti o nelle rassegne era armato come gli altri *Feldwebel*. L'alabarda poteva recare un segno di riconoscimento costituito da una nappa a frange di stoffa alla base dell'asta, oppure da un doppio rostro della lama. Meno diffusi i segni distintivi sui capi di vestiario: oltre al gallone del tricorno - che in certi casi identificava i sergenti o i caporali - il distintivo più adottato era rappresentato dalla cravatta e dal suo modo di annodarla. Nel reggimento Regal caporali, esenti e comuni avevano cravatte di stoffa rossa annodate dietro al collo, mentre il resto della *Primaplana* le indossava bianche e con i lembi che ricadevano sul petto. Già alla fine del Seicento questa usanza era stata adottata da alcuni reggimenti e si sarebbe lentamente diffusa a tutta la fanteria imperiale a partire dal primo decennio del XVIII secolo. Il regolamento Wallis mostra come nella compagnia granatieri fosse identificabile il grado del soldato dalla quantità di galloni sulla borsa del *Pelzmütze*: comuni e caporali lo avevano singolo e di tessuto bianco con la nappa del colore di fondo blu; *Feldwebel e Fourier* lo avevano triplo di tessuto argentato, compresa la nappa; i

Lieutenant avevano invece quattro galloni di tessuto giallo dorato; lo *Hauptmann* cinque. Dal 1716, a seguito del rinnovamento dell'abbigliamento della fanteria, anche l'uniforme dei sottufficiali subì un netto mutamento di taglio. I *Korporal* ricevettero lo stesso giustacorpo dei soldati semplici, ma con le falde non raccolte sui fianchi; l'armamento rimaneva costituito dall'alabarda e dalla spada, mentre si stava generalizzando l'uso del bastone senza cordicella. I *Feldwebel* e i *Führer* avevano invece un giustacorpo a petto doppio, con talvolta le falde rovesciate chiuse da una lunga fila di bottoni, spesso accoppiati. Nel reggimento Nikolaus Palffy (4) questo tipo di giustacorpo era indossato solo dal *Feldwebel*, mentre *Führer*, *Musterschreiber*, *Feldscherer* e *Korporal* ne ricevevano uno senza risvolto al petto; il *Fourier* indossava un giustacorpo di taglio analogo a quello del *Feldwebel*, ma di colore blu. Sempre nello stesso reggimento troviamo musicanti e *Fourierschutzen* con giustacorpi blu con un elaborato gallone di quattro colori azzurro-blu-rosso-giallo, cucito ai risvolti delle maniche e sulle patte delle tasche; il gallone del musicante era doppio. Un differente spessore del gallone del tricorno distingueva i *Feldwebel* e i *Fourier* dagli altri componenti della *Primaplana* e dal *Korporal*. Questo accorgimento è adottato con poche differenze anche da altre unità, come nel caso dei reggimenti Alt-Württemberg (10), Wetzel (11) e presumibilmente anche Trautsohn (53), più o meno negli stessi anni. Altre volte il tricorno dei sottufficiali era di colore giallo, quando *Korporal* e comuni lo avevano bianco. Altre volte il gallone compariva soltanto sui tricorni dal *Gefreiter* in su . Dal 1716 anche l'acconciatura dei capelli venne regolamentata, stabilendo per tutti gli appartenenti al rango della truppa il codino avvolto in una striscia di stoffa nera, mentre i sottufficiali continuarono a portare i capelli sciolti, ma la lunghezza non doveva superare gli orecchi.

GLI UFFICIALI

Prima del 1715 tutti gli ufficiali vestivano a proprie spese, perciò il loro abbigliamento era assai libero e soggetto al gusto personale, ma: "se trasmodavano, erano biasimati dal loro comandante". Nel complesso il modo di vestire degli ufficiali non si discostava da quello delle loro truppe, fatta eccezione per la migliore qualità degli abiti e per certi accorgimenti che ne accrescevano l'eleganza e la ricercatezza. I loro cappelli avevano il feltro in seta e spesso, almeno fra la fine del XVII secolo e i primi anni del XVIII, erano abbelliti da piumette cucite sopra l'orlo del gallone.

L'elemento del vestiario che immediatamente distingueva gli ufficiali era la sciarpa, indossata attorno alla vita oppure a tracolla. Verso l'ultimo decennio del Seicento furono introdotte sciarpe di colore giallo/oro filettate di nero, in sostituzione delle sciarpe rosse, fino ad allora tradizionali. La stoffa e il colore di fondo servivano a identificare in certi casi gli appartenenti allo stato maggiore del reggimento. Tutto il *Regiments Stab* e gli *Hauptmann* avevano sciarpe col fondo di seta giallo-oro, mentre quelle dei tenenti, degli alfieri e dell'aiutante maggiore erano di semplice lana gialla.

Le partigiane identificavano gli ufficiali superiori e gli *Hauptmann* delle compagnie moschettieri durante le rassegne e nei combattenti. Alla fine del XVII e gli inizi del XVIII secolo le aste erano lunghe attorno ai 190-210 cm.; le lame misuravano circa 35-30 cm., le parte laterali avevano a volte la forma delle ali dell'aquila bicipite. In certi casi la lama e tutte le parti in metallo erano dorate sulle partigiane dei colonnelli e si distinguevano da quelle dello *Obrist-Lieutenant* e degli *Hauptmann* per la differente quantità di metallo prezioso. L'arma dei *Lieutenant* infine era di solito la più semplice di tutte. Gli ufficiali dei Granatieri portavano il fucile come il resto della truppa, sebbene di dimensioni minori e di fattura più raffinata, ma sempre con la baionetta inastata. Successivamente i comandanti superiori e di compagnia usarono le partigiane e i moschetti soltanto in parata, poiché, almeno nell'armata d'Italia a partire dal 1702, il principe Eugenio ordinò che durante i combattimenti tutti gli ufficiali dal capitano in su montassero a cavallo e conservassero come unica arma individuale la spada. Progressivamente quest'ordine si estese a tutta la fanteria. In precedenza era prassi comune per capitani, tenenti e alfieri portare in battaglia una o due pistole infilate sotto la sciarpa. Nell'ultimo decennio del XVII secolo, i *Rock* degli ufficiali – secondo la moda del tempo - recavano delle bottoniere sul davanti, sulle tasche e sui paramani, e pure dei galloni di stoffa argentata o dorata ai risvolti e lungo le costure. In seguito l'abbigliamento degli ufficiali si fece più austero, in netta contrapposizione allo sfarzo della moda dei loro avversari francesi. Non bisogna tuttavia dimenticare che nel 1702 tutti gli abbellimenti del giustacorpo vennero gravati da un'imposta, che colpì anche l'esercito; fra gli ufficiali subalterni si diffuse la moda di indossare abiti privi di galloni e quasi identici nel taglio a quello della truppa, riservando alla veste le elaborate gallonature distintivi delle persone di qualità. Questa moda si diffuse in tutto l'esercito imperiale e fu imitata anche dai componenti dello stati maggiori e dall'alta nobiltà. Attorno ai primi anni del nuovo secolo, fino al 1715, si continuarono a indossare dei *Rock* di colore differente dalla truppa, quasi sempre nel colore distintivo del reggimento, oppure rosso scarlatto, colore divenuto tradizionale in tutto il corpo ufficiali dell'esercito imperiale attorno ai primi del 1700. Le eccezioni erano comunque numerose. Ad esempio, il reggimento Regal (23), presumibilmente attorno al 1710, vestiva tutto il *Regisments-Stab* con giustacorpi di tessuto blu scuro. Il regolamento Regal cita tutti gli accorgimenti introdotti per distinguere il grado degli ufficiali: una nappa di colore giallo-blu per l'asta della partigiana dei capitani; mista di seta e lana sempre gialla il tenente-colonnello; di seta dorata quella del colonnello. Il Maggiore non aveva partigiana perché svolgeva il suo servizio sempre a cavallo e questo avveniva in tutta la fanteria imperiale già alla fine del secolo precedente. Quando gli ufficiali non dovevano portare armi, potevano circolare con un bastone da passeggio di circa 140 cm., le cui tipologie ci sono trasmesse dal regolamento Wallis: "la mazza del Colonnello ha l'asta di legno di noce con il pomo d'oro; quella del luogotenente è col pomo d'argento; identica quella del maggiore, ma con una catena sotto il polso che avvolgeva tutta la canna; il bastone del capitano ha l'asta più sottile e il pomello in osso; quello del Tenente è in bambù senza pomo" e infine l'Alfiere, riconoscibile da un piccolo pomo argentato all'estremità, guarnito alla base da un nastro colorato e un'asta molto sottile, che si doveva piegare solamente "... se si vuole alzare la gonna ad una ragazza".

Le armi difensive come le armature, tanto ostentatamente mostrate nella ritrattistica di quegli anni, si limitavano alle corazze, indossate dai comandati di compagnie e costituite il più delle volte da un solo petto, quasi sempre di acciaio brunito. Il loro uso divenne più raro a partire dai primi anni del XVIII secolo e scomparve poi del tutto. Nel regolamento del *General Feldwachtmeisters* conte Jörger zu Tollet del 1715, si fa allusione a degli *Halb-Kragen* – delle gorgiere - di metallo brunito, indossate dallo *Obrist*, dallo *Obrist-Lieutenant* e dagli *Hauptmann*. Le gorgiere erano praticamente scomparse dall'abbigliamento imperiale alla fine della guerra dei trent'anni e sarebbero ritornate di moda in epoca teresiana, ma molto ridotte nelle dimensioni. La testimonianza del conte Tollet rappresenterebbe perciò l'unico caso di adozione di quest'arma difensiva nell'uniforme di un ufficiale di fanteria al tempo di Carlo VI. Un'altra anomalia riscontrabile all'interno del reggimento Jörger zu Tollet riguarda l'armamento, costituito da *Spontons*, al posto delle *Partisanen*; riguardo questa particolarità il conte scriveva che queste armi erano utilizzate anche da altri reggimenti, ma questo potrebbe voler dire presso truppe di altri stati.

A partire dal 1715-16 si afferma nel corpo ufficiali un nuovo taglio del giustacorpo ispirato alla linea dei rinnovato abbigliamento di tutta la fanteria. Le illustrazioni coeve, o poco più tarde, provengono dal *Reglement des Brounschen Regiments* - pervenuto in due esemplari, uno di Weimar, datato 1717 e uno viennese di due anni più tardi, e dallo *Exerzierreglement des Regiments Oberst Graf Walsegg*, che porta la data 1721.

Tutti gli ufficiali del reggimento Browne (25) indossano un *Rock* bianco-perlato a doppio petto, con 23 bottoni per lato, con sottili bottoniere ricamate con filo giallo-oro, che compaiono anche sui paramani e sulle tasche. Il *Kamisol* restava a un solo petto, anch'esso abbellito con delle filettature dorate alla bottoniere; il gallone del tricorno è di filo giallo oro per tutti, tenente e alfiere compresi. Un fiocco di tessuto nero è attaccato, con un bottone dorato, sulla parte sinistra del copricapo di tutti i membri del reggimento. Questo segno distintivo sarebbe rimasto inalterato per ventisette anni, poiché esisteva anche nel 1690, quando il reggimento apparteneva al duca di Sachsen-Koburg. Pure la cravatta a

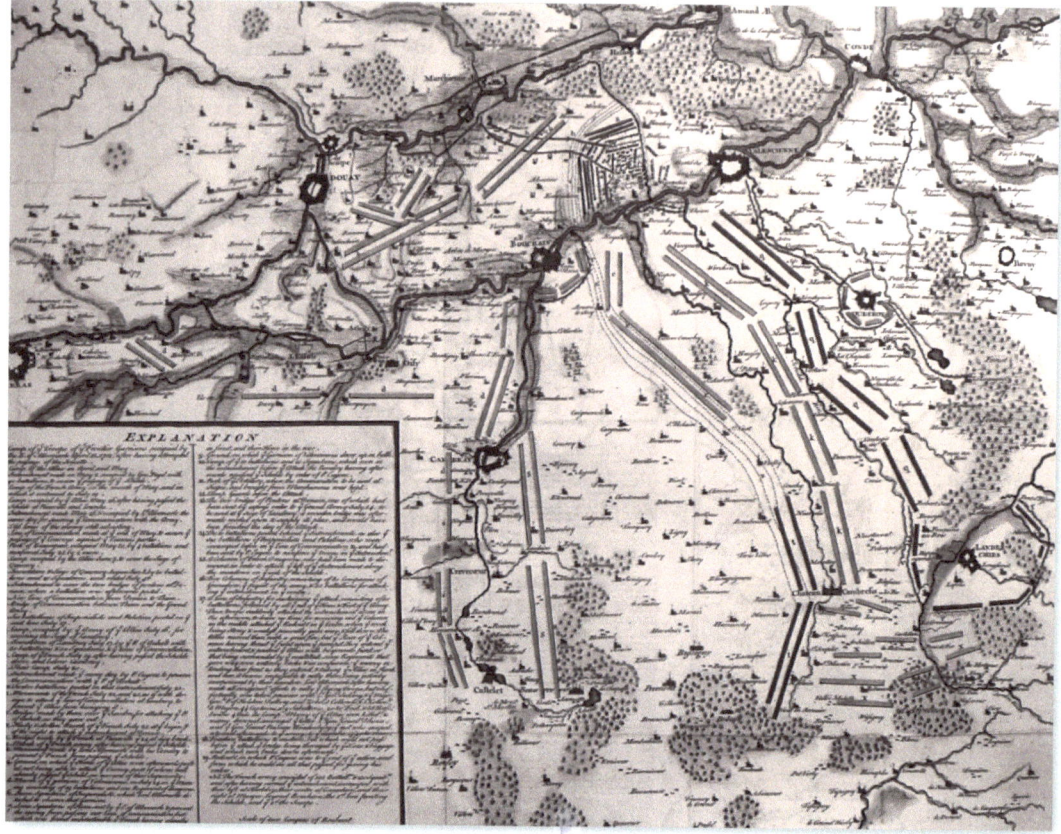

farfalla nera era un segno tradizionale dell'unità nel 1690, ma adesso era esclusivamente al collo degli ufficiali, mentre la truppa aveva adottato le semplici cravatte rosso scarlatto. Soldati e ufficiali indossano delle ghette in tela incerata dipinta di bianco e i secondi portano la sciarpa attorno alla vita del *Kamisol*, eccetto l'ufficiale dei granatieri che la porta a tracolla sopra il giustacorpo. Le lame delle partigiane - se non si tratta di una semplificazione dell'illustratore - avevano una forma meno elaborata ed erano forgiate in metallo dorato. La lama della partigiana dello *Obrist* aveva solo la punta in acciaio al naturale, quella del *Lieutenant* era quasi completamente in metallo bianco ed era priva della nappa in seta gialla alla fine dell'asta. Anche le partigiane raffigurate nei disegni del regolamento Walsegg hanno una forma piuttosto semplificata. La lama dell'arma dello Obrist è completamente in metallo dorato con la nappa in seta gialla, quella dello *Obrist-Lieutenant* ha tutte le parti in metallo naturale e la nappa a frange argentate; lo *Hauptmann* ha anch'egli la lama della partigiana al naturale, ma nappe e frange sono evidentemente di un tessuto differente. Il *Lieutenant* ha invece un'arma semplicissima e di dimensioni più piccole. Tenente e alfiere indossano dei *Rock* monopetto con una fila di 26 bottoni sul davanti; i risvolti delle maniche sono del tipo tagliato e numerosi bottoni sono cuciti

▲ **La battaglia di Denain**, combattuta il 24 luglio 1712 tra i francesi - guidati dal duca di Villars - e gli alleati olandesi e imperiali - agli ordini del principe Eugenio. La vittoria conseguita dai francesi segnò il punto di arresto dell'offensiva alleata e riaprì le trattative di pace che posero definitivamente fine due anni dopo al conflitto per l'eredità spagnola.
Collezione Cristini

The Battle of Denain was fought on 24 July 1712, as part of the War of the Spanish Succession, and resulted in a good French victory under Marshal Villars against Austrian and Dutch forces under Prince Eugene of Savoy.

lungo tutto il margine superiore, caratteristica - questa - piuttosto inusuale per quegli anni. Il resto degli ufficiali indossa un giustacorpo a petto doppio con tredici coppie di bottoni per parte; tutti i tricorni recano un gallone dorato e tutte le patte delle tasche sono chiuse da cinque bottoni.

Quando questo regolamento fu compilato, il reggimento apparteneva al conte di Walsegg, ma fino al 1721 il colonnello proprietario era stato il principe ereditario Christoph di Baden-Durlach (52), che aveva reclutato l'unita nel 1715. Le uniformi conservano ancora il colore distintivo che il reggimento adottò all'atto della sua costituzione e anche i galloni dello *Spielleute* e del *Fourierschützen* - così come pure la bandiera – sono di tessuto rosso e giallo, ovvero i colori dinastici della casa di Baden.

Sia nel reggimento Browne che nel Walsegg-Baden, tutti gli ufficiali hanno acconciature di capelli grigio chiari. La moda delle capigliature biondo chiarissimo o addirittura bianche faceva la sua apparizione proprio in quegli anni e stava soppiantando, anche nel taglio, le lunghe parrucche di riccioli che arrivavano fin sotto le spalle. Contemporaneamente si stava diffondendo l'usanza di incipriare i capelli veri e, durante le rassegne o le parate, si imbiancavano pure le capigliature dei soldati.

LA FANTERIA UNGHERESE

I reggimenti di Hajducken vestivano secondo la foggia nazionale del loro paese d'origine, l'Ungheria, ma nell'abbigliamento di quei soldati si erano mescolati anche elementi del costume polacco, croato e turco. E' piuttosto difficile stabilire l'esatta origine di certi elementi, considerato che ciò che in Polonia è chiamato alla turca, in Turchia viene detto all'ungherese.

Alla fine del Seicento e nei primi anni del Settecento, l'uniforme degli Hajducken era costituita da una giacca corta, detta *attila*, con la vita piuttosto alta e chiusa anteriormente da un solo petto con cordini e 'olive'. Normalmente la falde inferiori erano tagliate a punta sul davanti e - quando l'*attila* era indossata - si incrociavano l'una sull'altra. Un colletto dritto e dei polsini a punta, ripiegabili sul dorso delle mano, completavano la giacca.

II colore dell'*attila* era tradizionalmente il blu-azzurro, mentre polsini, colletto e cordino potevano essere di vari colori. Attorno alla vita era portata la caratteristica cintura di lana, il *kürfel*, dai colori piuttosto vivaci: rosso oppure bianco e rosso ecc. I pantaloni – *hosszunadràg* - erano molto attillati e terminavano sotto il polpaccio, per infilarsi direttamente nei corti stivali o nelle tipiche *opanke* alla croata. Il copricapo era il tradizionale berretto *hajdu*, di feltro grigio scuro oppure nero, spesso guarnito da un puntale che tratteneva un pennacchio di crine di cavallo. Per ripararsi dal freddo si indossava il *geperneck*, un mantello di lana grezza lungo fino alle caviglie ed era solitamente cucito a doppio nella parte superiore, dove terminava con un ampio e alto colletto. Oltre che dal moschetto senza la baionetta, l'armamento era costituito da una sciabola, portata in un fodero di cuoio attaccato ad una cintura attorno alla vita e resa invisibile dal *kürfel*. Ma l'arma tradizionale dello *Hajduck* era la *csakany*, una piccola scure con un manico di legno dritto, lungo dai 100 ai 130 cm. che il fante usava nel combattimento corpo a corpo. Anche la borsa appesa alla vita, la *szablya taska*, era un distintivo del costume di questi soldati, ma non sostituiva la *Patrontasche*, che era uguale a quella della fanteria tedesca.

Ma queste uniformi furono indossate probabilmente per pochi anni; già nel 1705, al momento della riduzione dei reggimenti di *Hajducken* dell'armata d'Italia, le condizioni generali di queste truppe non dovevano essere molto buone. Nel 1705 il *General Wachtmeister* Pal Bagosy scriveva, allo *Hofkriegsrath* che i propri uomini erano "...peggio che ignudi" e non ricevevano nuovi vesti e arredi ormai da molti mesi. Quattro anni dopo, il nuovo comandante del reggimento, il colonnello Férenc Gyulay, annotava in una sua relazione che i soldati "...avevano già trovato i *Capotrock* (sic) e i cappelli...che riparavano meglio dalle intemperie dei mantelli e dei berretti ungheresi"

Gli ufficiali degli *Hayducken* vestivano anche loro piuttosto liberamente e, secondo l'usanza dell'aristocrazia di quel paese, spesso con accessori stravaganti. L'armamento era costituito da un moschetto corto e da una spada dritta con l'elsa alla ungherese.

LE BANDIERE DELLA FANTERIA IMPERIALE

Ogni compagnia di Moschettieri era dotata di una bandiera che, ad eccezione della *Leibfahne* - portata dall'alfiere della prima compagnia - era di disegno identico per tutto il reggimento. Le dimensioni delle bandiere erano ragguardevoli e divennero più piccole col passare degli anni, passando dagli oltre due metri per lato al tempo degli imperatori Leopoldo e Giuseppe, ai 190 cm. Sotto Carlo VI. In tutti questi anni nei drappi della fanteria cambiarono solo alcuni dettagli della forma dell'aquila bicipite, animale simbolico dell'evangelista Giovanni, santo protettore del Sacro Romano Impero. L'aquila campeggiava sui drappi imperiali già alla metà del XVII secolo e sostituì gradualmente gli altri elementi araldici usati in passato della casa d'Asburgo, quali i bastoni incrociati e la croce di Borgogna. Questi simboli scomparvero dalle bandiere della fanteria di casa d'Austria attorno al 1683, quando l'ultimo drappo con la croce rossa di Sant'Andrea era stato portato in battaglia durante l'assedio di Vienna. Purtroppo nessuna bandiera di fanteria si è conservata intatta fino a oggi e le informazioni che sono in nostro possesso provengono principalmente dai libri illustrati dai loro avversari francesi - come *'Les triomphes du Roy Louis le grand, XIV du nom'* - nei quali sono raccolti i disegni dei drappi catturati nel corso delle guerre del XVII e XVIII secolo. E' tuttavia possibile individuare quali fossero le regole valide per tutti e individuare alcuni degli elementi caratteristici che ci aiutano a collocare cronologicamente le insegne con maggiore

▶ **Leibfahne e Kompanie-Fahne, Reg.t zu Fuss Baden (8), 1707.**

Leibfahne and Kompanie-Fahne, Reg.t zu Fuss Baden (8), 1707.

▼ **Kompanie-Fahne e Leibfahne, Reg.t zu Fuss Wurttemberg (Sw5).** Il Recto della bandiera era identico a quello visibile sul drappo in primo piano. Al posto dello stemma del cavalierato di Svevia era riprodotta l'arma dei duchi del Württemberg (visibile a sinistra, nelle stessa dimensione), dal quale provenivano 12/13 del reggimento. La data presunta della bandiera è il 1712-13.

Kompanie-Fahne and Leibfahne, Reg.t zu Fuss Wurttemberg (Sw5).1712-13.

precisione. I colori delle bandiere si ispiravano a quelli del blasone del colonnello proprietario; disposti il più delle volte a fasce oppure fiammeggianti in obliquo. L'aquila bicipite, di colore nero, aveva rostro e artigli dorati, la lingua di rosso ed era sormontata da una corona imperiale d'oro; talvolta entrambe le teste erano coronate. Dietro questi elementi si scorgevano delle aureole d'oro, qualche volta solo col bordo evidenziato. Sul petto dell'aquila campeggiavano le cifre dell'Imperatore regnante: L-I per Leopoldo I, I-I per Giuseppe I e C-VI per Carlo VI Eccezionalmente le cifre erano racchiuse in uno scudetto. Le zampe tenevano indifferentemente, a destra o a sinistra, lo scettro, la spada oppure la sfera, tutti questi elementi erano sempre d'oro.

Sulle *Kompanie-Fahne* - bandiere delle compagnie ordinarie - l'aquila poteva trovarsi sul Verso e sul Recto della bandiera contemporaneamente, oppure su uno solo dei lati e in questo caso era più spesso il Verso. Sfortunatamente quasi tutti i disegni dei trofei riproducono soltanto un lato della bandiera, quello con l'aquila, e non permettono di risalire alla reale disposizione degli elementi che erano raffigurati sull'altro lato. Da quanto si può ricavare dalle descrizioni di drappi o dalle memorie reggimentali, il lato opposto a quello con l'aquila bicipite recava solitamente l'immagine di un santo oppure della Trinità. Il verso delle *Leibfahne* recava invece l'immagine della Madonna dell'assunzione o quella della concezione. La casa d'Asburgo era molto devota a questa immagine e del resto la Madonna rimarrà sulle bandiere austriache fino alla dissoluzione dell'Impero austro-ungarico. Rispetto alle bandiere delle compagnie, la *Leibfahne* era sempre con entrambi i campi di colore bianco, ma mostrava spesso la medesima bordura. I margini di tutti i drappi recavano infatti un bordo che il più delle volte riproduceva le lingue di fuoco, comparse sulle bandiere imperiali nella prima metà del XVII secolo; più rare le bordure a losanghe oppure quelle con le granate fiammeggianti. Da un paio di casi si può dedurre che, al momento della nomina di un nuovo *Obrist-Inhaber*, il reggimento riceveva delle bandiere nuove. Infatti, quando le truppe del maresciallo Vendome espugnarono Vercelli, nel luglio del 1704, i drappi catturati al reggimento Harrach erano tutti impostati sui colori del blasone del colonnello (di rosso con un globo d'oro e tre piume d'argento). Il conte Johann Philipp di Harrach von Rohrau aveva ricevuto la patente di proprietà soltanto nel gennaio di quell'anno, ma in meno di cinque mesi le nuove bandiere erano state consegnate alle compagnie. Un'altra prova su come la sostituzione delle bandiere avvenisse abbastanza di frequente, la si può ottenere da uno dei drappi perduti a Denain il 24 luglio 1712 - a un anno dalla morte dell'Imperatore Giuseppe I – sul quale appariva già il monogramma del nuovo imperatore Carlo VI.

Nonostante i cambiamenti e gli ammodernamenti la bandiere restavano comunque l'oggetto più prezioso del reggimento e venivano custodite in campagna nella tenda del comandante della compagnia. Per meglio conservare i drappi iniziarono a diffondersi nei primi anni del XVIII secolo delle fodere di tela cerata le quali, alla loro apparizione, devono aver suscitato la repulsione di molti, se così si espresse il conte Regal a proposito: "Benché questa usanza non sia vecchia, ci si deve attenere con maggiore cura. Al tempo in cui non si usavano le federe ed erano in cassa più Ungheri d'oro che oggi soldi di rame"

LE BANDIERE DELLA FANTERIA DI CARLO III

Grazie alle memorie del nobile catalano Francisco Castellvi y Obaldo, esule a Vienna dal 1713, è possibile avere qualche notizia sulle insegne della fanteria spagnola e italiana di Carlo d'Asburgo. L'ordinanza del 20 marzo 1706, stabilita dal 'rey' Carlo III, stabiliva che tutte le bandiere colonnelle dovevano essere bianche con l'immagine della Madonna della Concezione sul Recto; le altre adottavano colori a piacere del colonnello proprietario. Castellvi y Obaldo non specifica se i drappi da lui descritti sono bandiere colonnelle, oppure ordinarie e non fornisce indicazioni nemmeno sul colore di fondo, né sull'eventuale bordatura. E' tuttavia probabile che si tratti sia di drappi ordinari che di colonnelle e che gli elementi araldici descritti fossero posizionati sul petto o ai piedi dell'aquila imperiale. Sfortunatamente nessun cenno viene fatto sul colore delle uniformi di questi reggimenti. La lista che segue e la filiazione reggimentale sono ricostruite con i dati dell'archivio di guerra per la Spagna, in: *Feldzuge des Prinze Eugen von Savoyen*; vol. X-XV relativi agli anni 1708-1713.

Reggimenti spagnoli:

E1) Guardias/Almirante/Ahumada:
Recto. le armi di Castiglia e Leon con la scritta "PRO LEGE-REGE ET PATRIA"
Verso: l'immagine di San Giacomo con la scritta "SANCTUS JACOBUS HISPANIAE PATRONUS"
E2) Guardia Catalanas:
Recto: le armi reali di Spagna con al centro lo scudo della casa d'Austria e la scritta "DONEC PERFICIAM"
Verso: la Madonna della Concezione.
E3) La Reina/Noyelles/Tattenbach:
Recto- le armi reali di Spagna con la scritta "AUT VINCERE AUT MORI"
Verso: l'immagine di Santa Isabella (in onore della sposa di Carlo d'Asburgo, Isabella Cristina di Braunschweig-Wolfenbüttel)

◀ **Kompanie-Fahne, Reg.t zu Fuss Bayreuth (37), ca. 1712.**

Kompanie-Fahne, Reg.t zu Fuss Bayreuth (37), about 1712.

▶ In alto: Regiments-Fahne, Reg.t zu Fuss Bernstorff (NS14), ca. 1702. in basso a sinistra: Kompanie-Fahne, Reg.t Nassau-Weilburg (0R6), 1702-13. contingente di Nassau (6). A destra: Kompanie-Fahne, Reg.t Nassau-Weilburg (0R6), 1702-13. contingente di Frankfurt am Mein.

Above: Regiments-Fahne, Reg.t zu Fuss Bernstorff (NS14), about 1702. below at left: Kompanie-Fahne, Reg.t Nassau-Weilburg (0R6), 1702-13. contingent ofNassau (6). At right: Kompanie-Fahne, Reg.t Nassau-Weilburg (0R6), 1702-13. contingent of Frankfurt am Mein.

E4) la Deputacion:
Recto: le armi del regno d'Aragona e la croce di san Giorgio
E5) La Ciudad:
Recto: le armi del regno d'Aragona inquartate con la croce di San Giorgio {Barcellona}
E6) Valencia:
Recto: le armi della città di Valencia con la scritta "NON SUFFICIT UNA"
Verso: l'immagine della Vergine dei Derelitti con la scritta "VIRGO DERELICTORUM"
E7) Reino de Valencia/Arragon:
Recto: le armi di Aragona
Verso: l'immagine di San Vicente Ferrer con la scritta "OBSTAT NULLA FURENTES"
E8) Cartagena/Rejon/Alcantarilla:
Recto: un leone (regno di Leon ?)
Verso: la madonna della Concezione con la scritta "ET MACULA ORIGINALIS NON EST IN TE"
E9) Richardi;
Recto: un castello su un monte (Alicante)
Verse: l'immagine di San Giorgio con la scritta: "S.GEORGIUS"
E10) Zaragoza/Pertus/Alcaudete:
Recto: di rosso con un leone d'oro (Saragozza)
Verso: l'immagine della Vergine del Pilar di Saragozza con la scritta "SANTA MARIA DEL PILAR"
E11) Schober:
Recto: le ami d'Austria
Verso: l'immagine di San Leopoldo con la scritta "S.LEOPOLDUS"
E15) Borda:
Recto: le armi di Aragona
verso: l'immagine di San Giorgio

E16) Ibarra:
Recto: le armi di Ibarra
Verso: la Madonna della Concezione con la scritta "BEATA ME DICENT OMNES"
Tutte queste bandiere rimasero presumibilmente alle compagnie dei reggimenti Ahumada e Alcaudete, poiché, sempre secondo il Castellvy y Obaldo, sarebbero state donate alle chiese di alcune città dell'Ungheria meridionale, deve infatti i due reggimenti vennero disciolti nel 1721.

Reggimenti italiani:

I1) Luccini:
Recto: quattro gigli
Verso: l'immagine di San Gennaro con la scritta "S.JANARIUS"
I3) Ferrer:
Recto: le armi di Navarra
Verso: l'immagine della Madonna della Concezione con la scritta "TOTA PULCHRA EST MARIA".

N: 9.

Das gewöhrneben den füeß.

▲ Moschettiere imperiale, 1690-1700; unità non identificata. Notare l'asta-*Schweinsfeder* per il cavallo di Frisia, usata come arma supplementare, che sicuramente colloca questo moschettiere in un reggimento sul teatro di guerra ottomano. Disegno a china su cartoncino, Fondo Marsigli, Biblioteca Universitaria di Bologna.

Imperial musketeer. Unknown regiment. Marsigli trust. Biblioteca universitaria di Bologna.

LE TAVOLE UNIFORMOLOGICHE

A1- Grenadier Gemeiner: Reg.t zu Fuss Nassau-Weilburg; Oberrheinischer Kreis (OR6), ca.1705.
Fonti: Goldberg/Belaubre: Les armèe qui combattirent Louis XIV.

A2- Musketier Gemeiner: Reg. zu Fuss Reischach; Schwäbischer Kreis (Sw5), ca.1707.
Fonti: K.A.Soden, Nachricht von den Frankischen Kreistruppen...
Franconia, Alto-Reno e Svevia furono i circoli dell'impero che fornirono il maggior numero di soldati alla *Reichsarmée*, ma anche nel loro caso, la cattiva conduzione degli affari dell'Impero, influì sul regolare assetto dei contingenti, per cui l'eterogeneità degli equipaggiamenti dei loro contingenti rappresentò a lungo una caratteristica negativa.

B1) Reg.t zu Fuss Regal (23), ca.1711: Zimmermann 1707 circa.

B2) Profoss 1707 circa.

B3-4) Musketier Gemeiner: Reg. zu Fuss Regal (23), ca.1711.
Fonti: H.L.von Regal: Reglment über ein Kaiserlich Regiment zu Fuss.
Grazie al regolamento scritto dallo *Obrist Inhaber* Maximilian von Regal, questo reggimento è uno dei più documentati di tutto l'esercito imperiale dei primi anni del XVIII secolo. Il *Profoss* (prevosto) era il capo della polizia del reggimento ed eventualmente rivestiva l'incarico di direttore della prigione. Nella fanteria imperiale il suo incarico era considerato come uno dei più importanti e, contrariamente a quanto accadeva ai prevosti di altri eserciti, la sua qualifica poteva essere parificata a quella di un capitano. I due soldati semplici sono abbigliati nel modo in cui era più frequente vederli, ovvero senza il giustacorpo, talvolta rimanevano solo con il *Kamisol* anche durante i combattimenti. Lo *Zimmermann* (zappatore), completava il suo armamento con una pistola pendente dalla bandoliera a tracolla.

C1) Fourierschütz, Reg. zu Fuss Niko-laus Palffy (4), 1717.

C2) Grenadier Feldwebel: Reg. zu Fuss Harrach (14), ca. 1718.
Fonti: E.Czegka, Uniformen der kaiserlichen Infanterie unter Prinz Eugen.

C3) Musketier Tambour: Regt zu Fuss Baden-Durlach (52) 1720.
Fonti:Exerzierreglement des Regiments Oberst Graf Walsegg.

D1) Grenadier Gemeiner: Reg. zu Fuss Baden Durlach (52), ca.l717.
Fonti: Exerzierreglement des Regiments Oberst Graf Walsegg; E.Czegka: Unifomen der kaiserlichen Infanterie unter Prinz Eugen.

D2) Musketier Gemeiner: Reg. zu Fuss Jung Lothringen (49), 1717.
Fonti: E.Czegka: Unifomen der kaiserlichen Infanterie unter Prinz Eugen.

D3- Grenadier Offizier: Reg.t zu Fuss Browne (25), 1718.
Fonti: 'Knötel, Die Grosse Uniformenkunden'
Il taglio delle nuove uniformi alla svedese – adottato a partire dal 1717 - conferisce ai soldati un aspetto decisamente più moderno. Alcune particolarità fra un reggimento e l'altro, nonché il mantenimento di accessori del passato, sopravvissero ancora per molti anni, poiché, per ovvi motivi, non si poté provvedere contemporaneamente alla fornitura dei nuovi equipaggiamenti per tutta la fanteria.

E1- Musketier, Reg.t zu Fuss Kragen; Niedersächsischer Kreis (NS6) ca.1700
Fonti: Belaubre/Goldberg
Come tutta la fanteria del Braunschweig-Wolfenbüttel, anche questo reggimento indossava giustacorpi blu scuro, colore adottato già alla fine del XVII secolo e mantenuto per le uniformi delle truppe a piedi per tutto il Settecento.

E2- Musketier, Reg.t zu Fuss Kanitz; Westphälischer Kreis (W4) ca.1704
Fonti: 'Knötel, Die Grosse Uniformenkunden'
Il Brandeburgo-Prussia inviò un solo reggimento alla *Reichsarmée* dal 1702 al 1704, quale quota del ducato di Kleve per il circolo di Vestfalia.

E3- Grenadier Feldwebel, Reg.t zu Fuss Baden-Durlach; Schwäbischer Kreis (Swl), ca.1705
Fonti: ricostruzione da Soden e Goldberg
La fanteria sveva era riunita in reggimenti assemblati seguendo la confessione religiosa degli Stati del circolo. La divisione religiosa era talmente netta che neppure i due margraviati di Baden associavano fra loro le truppe: il reggimento Baden-Durlach era infatti formato solo dagli Stati protestanti, mentre il Baden-Baden era costituito da quelli cattolici.

F1- Musketier Gemeiner, Reg.t zu Fuss Salzburg; Bäyerischer Kreis (Bl), ca. 1704
Fonti:ricostruzione da Goldberg e da una incisione di Melchior Kosell, Salzburg: interno della cattedrale
Il principe arcivescovo di Salisburgo inviò un proprio contingente alla *Reichsarmée* solo nella primavera del 1705, preferendo non allontanare le proprie forze dallo stato prima che fosse neutralizzata la vicina minaccia bavarese.

F2- Musketier Hauptmann, Reg.t zu Fuss Salzburg; Bäyerischer Kreis (Bl), ca. 1704
Fonti:ricostruzione da Goldberg e da una incisione di Melchior Kosell, Salzburg: interno della cattedrale
Un corteo di nobili e di ufficiali è raffigurato mentre partecipa a una funzione religiosa nella cattedrale di Salisburgo, in una incisione dei primi anni del XVIII secolo. Nonostante l'illustrazione sia in bianco e nero, è possibile ricostruire con sufficiente precisione molti elementi dell'uniforme e dell'equipaggiamento dei militari raffigurati.

F3- Musketier Offizier Reg.t zu Fuss Rumhor; Obersächsischer Kreis (OS1), ca. 1705
Fonti: J. Belaubre: Les Triomphes de Louis XIV
I due ducati di Sachsen-Weimar e Sachsen-Eisenach associarono i loro contingenti per l'armata dell'Impero in un reggimento di 10 compagnie, inviato nel 1702 di guarnigione sul medio corso del Reno. Non sostenne alcun combattimento fino al 1707 – a Stollhofen - e poi ancora fino al 1713, quando rimase coinvolto nell'assedio di Landau. Alla resa della piazza, avvenuta il 10 agosto 1713, il

► **Veduta di Vienna** verso la fine del 600. Incisione di M.Merian da Theatrum Europeam.
Collezione dell'autore.

View of Wien at the end of the XVII century in an oldest print of M.Merian from the Theatrum Europeum. Author collection.

reggimento aveva perduto quasi un terzo degli effettivi.

**F4 -Musketier Gemeiner, Reg.t zu Fuss Rumhor;
Obersächsischer Kreis (OS1), ca. 1705**
J. Belaubre: Les Triomphes de Louis XIV

G1) Leibfahne e Kompanie-fahne, Hajducken Reg. Bagosy (H5)
*Fonti: "Les Triomphes du Roy Louis le Grand XIV du nom,
Représentés par le Drapeux qui ont ètè pris sur l'Ennemis..." in:
A.Mell, Fahnen aus der Zeit des Prinzen Eugen von Savoyen.*
Una bandiera su fondo bianco e tre su fondo blu furono catturate dai
Francesi alla resa della guarnigione di Ivrea. Un distaccamento di
questo reggimento faceva parte del presidio difensivo della piazza
nell'estate del 1704.

G2) Kompanie-Fahne, Reg.t zu Fuss De Wendt (42), fino al 1705.
*Fonti: "K. P. Goldberg" Bemalungsangaben für die Zeit des
Spanischen Erbfolge-krieges.*
G3) Kompanie-Fahne, Reg.t zu Fuss Thürheim (33), dopo il 1705.
Fonti: A.Mell, Fahnen aus der Zeit des Prinzen Eugen von Savoyen.
Fino al 1933 questa bandiera era ancora conservata nel castello dei
conti di Thürheim a Weinberg.

**H1) Leibfahne e Kompanie-fahne, Reg.t zu Fuss Harrach
(14)** *Fonti: "Les Triomphes du Roy Louis le Grand XIV du nom,
Représentés par le Drapeux qui ont ètè pris sur l'Ennemis..." in:
A.Mell, Fahnen aus der Zeit des Prinzen Eugen von Savoyen.*

▲ **Granatiere imperiale, 1690-1700;**
unità non identificata. Disegno a china su
cartoncino, Fondo Marsigli, Biblioteca
Universitaria di Bologna.

*Imperial grenadier. Unknown regiment.
Marsigli trust. Biblioteca universitaria di
Bologna.*

Alla capitolazione di Vercelli, il 20 luglio 1704, rimasero come trofeo dei soldati francesi del duca di
Vendome, 10 bandiere appartenenti all'unica unità imperiale che si trovava nella città. Sei di queste
bandiere avevano una bordura a quattro colori, le altre solo a tre. Il reggimento era appartenuto, fino al
gennaio di quell'anno, al *General Wachtmeister* Lorenzo Solari, caduto in combattimento a Castelnuovo
sul Bormida, ma evidentemente aveva in breve tempo ricevuto dei nuovi drappi, disegnati sui colori
del blasone del nuovo *Obrist Inhaber*. Il Recto della *Leibfahne* é un'ipotesi di ricostruzione su modelli
coevi. Il fondo del drappo delle *Kompanie-Fahne* era scarlatto.

H2- Kompanie-Fahne, Reg.t zu Fuss Roth; Schwäbischer Kreis (SW3), ca.1703.
Fonti: K.P.Boldberg, Bemalungsangaben für die Zeit des Spanischen Erbfolge-krieges.
Lo stemma è quello del cavalierato di Svevia, adottato dal circolo verso la fine del XVII secolo. Fino
all'ottobre del 1702 il reggimento era appartenuto al conte di Fürstenberg-Mösskirch .

H3- Kompanie-Fahne, Reg.t zu Fuss Ansbach; Fränkischer Kreis (F3).
*Fonti: "Les Triomphes du Roy Louis le Grand XIV du nom, Représentés par le Drapeux qui ont ètè pris
sur l'Ennemis..." in: A.Mell, Fahnen aus der Zeit des Prinzen Eugen von Savoyen.*
La bandiera fu perduta dal reggimento francone durante la battaglia di Friedlingen (14 ottobre 1702).

H4- Kompanie-Fahne, Reg.t zu Fuss Thost; Fränkischer Kreis (F4), ca.1703.
Fonti: A.Kuhn, Der Fränkischer Reichskreis, seine funktionerende Kreisrtustung zur Reichsarmèe.
Questa unità apparteneva al duca di Schwarzburg-Reuss, che l'aveva noleggiata al circolo di Franconia
nel 1702. I colori bianco-rosso erano quelli dinastici della casa di Reuss.

THE COLOUR PLATES

A1- Grenadier Gemeiner: Reg.t zu Fuss Nassau-Weilburg; Oberrheinischer Kreis (OR6), ca.1705.
Sources: Soldberg/Belaubre: Les armèe qui combattirent Louis XIV.

A2- Musketier Gemeiner: Reg. zu Fuss Reischach; Schwäbischer Kreis (Sw5), ca.1707.
Sources: K.A.Soden, Nachricht von den Frankischen Kreistruppen...
Franconia, High-Rhine and Swabia were the circles of the empire that furnished the greatest number of soldiers to the *Reichsarmée*, but also contributed to the bad governance and management of the empire. They influenced the regular order of his contingent leading to the long term heterogeneity of the equipment, and this was considered a bad decision.

B1) Reg.t zu Fuss Regal (23), ca.1711: Zimmermann, about 1707.

B2) Profoss, about 1707.

B3-4) Musketier Gemeiner: Reg. zu Fuss Regal (23), ab.1711.
Sources: H.L.von Regal: Reglment uber ein Kaiserlich Regiment zu Fuss.
Thanks to the rule written by the *Obrist Inhaber* Maximilian von Regal, this regiment became one of the most documented of the whole Imperial Army of the first years of the XVIII century. The *Profoss* (provost) were police leaders of the regiment and eventually took charge of the management of jails. In the infantry regiment their leadership was considered as one of the most important, and their ranking equated to that of a captain. The two soldiers are adorned in the campaign dress without the tunic, and someway they remained with the *Kamisol* only during combat. The *Zimmermann* (sapper), completed his armament with an attached gun to the shoulder bandoleer.

C1) Fourierschütz, Reg. zu Fuss Nikolaus Palffy (4), 1717.

C2) Grenadier Feldwebel: Reg. zu Fuss Harrach (14), ab. 1718.
Sources: E.Czegka, Uniformen der kaiserlichen Infanterie unter Prinz Eugen.
C3) Musketier Tambour: Regt zu Fuss Baden-Durlach (52) 1720.
Sources: Exerzierreglement des Regiments Oberst Graf Walsegg.

D1) Grenadier Gemeiner: Reg. zu Fuss Baden Durlach (58), ab.1717.
Sources: Exerzierreglement des Regiments Oberst Graf Walsegg; E.Czegka: Unifomen der kaiserlichen Infanterie unter Prinz Eugen.

D2) Musketier Gemeiner: Reg. zu Fuss Jung Lothringen (49), 1717.
Sources: E.Czegka: Unifomen der kaiserlichen Infanterie unter Prinz Eugen.

D3- Grenadier Offizier: Reg.t zu Fuss Browne (25), 1718.
Sources: Knötel 'Die Grosse Uniformenkunden'.
The fashion of the new uniforms are Swedish in style, and they were been adopted since 1717 giving the soldiers a more modern appearance. Some particularities of the regiments and accessories from the past survived during many years, because, for obvious reasons, the entire supply of contemporary uniforms and equipment could not be handled all at once.

E1- Musketier, Reg.t zu Fuss Kragen; Niedersächsischer Kreis (NS6) ca.1700
Sources: Belaubre/Goldberg
Indigo tunic, with orange lapel, Kamisol, and lining; orange stockings, pants in natural skin; white tie and white metal buttons.

E2- Musketier, Reg.t zu Fuss Kanitz; Westphälischer Kreis (W4) ca.1704

Sources: Knötel , Die Grosse Uniformenkunde.
Prussian Blue tunic, with scarlet lapels and Kamisol, white lining; white stockings and pants in natural skin; scarlet tie and brass buttons.

E3- Grenadier Feldwebel, Reg.t zu Fuss Baden-Durlach; Schwäbischer Kreis (Swl), ca.1705

Sources: reconstruction Soden e Goldberg.
Pearl grey tunic, with orange lapels and Kamisol, pearl grey lining; orange stockings and pants in natural skin; scarlet tie and brass buttons.

F1- Musketier Gemeiner, Reg.t zu Fuss Salzburg; Bäyerischer Kreis (Bl), ca. 1704

Sources: reconstruction after Goldberg, Melchior Kosell, Salzburg cathedral

Scarlet tunic, lapels, pants lining and kamisol, white edge to the hat, white stockings, black tie, brass buttons. Yellow edging to the buttonholes.

F2- Musketier Hauptmann, Reg.t zu Fuss Salzburg; Bäyerischer Kreis (Bl), ca. 1704

Sources: reconstruction after Goldberg , M. Kosell, Salzburg cathedral

Scarlet tunic, pants, lining and kamisol, white stockings and tie, white lapels, gold buttons. Yellow sash filleted of blue. Yellow edging to the hat..

F3- Musketier Offizier Reg.t zu Fuss Rumhor; Obersächsischer Kreis (OS1), ca. 1705

Sources: A.Kuhn, Der Fränkischer Reichskreis, seine funktionerende Kreisrtustung zur Reichsarmèe.

White tunic, with pink lapels, kamisol, and lining; grey white stockings and pants in natural skin; black tie, brass buttons. Gold edging to the hat.

F4 -Musketier Gemeiner, Reg.t zu Fuss Rumhor; Obersächsischer Kreis (OS1), ca. 1705

Sources: A.Kuhn, Der Fränkischer Reichskreis, seine funktionerende Kreisrtustung zur Reichsarmèe.

White grey tunic, with pink lapels, kamisol, and lining; pink stockings and white pants; white tie, brass buttons. Gold edging to the hat. White-red sash. White-red hat cocarde.

G1) Leibfahne e Kompanie-fahne, Hajducken Reg. Bagosy (H5)

Sources: "Les Triomphes du Roy Louis le Grand XIV du nom, Représentés par le Drapeux qui ont ète pris sur l'Ennemis..." in: A.Mell, Fahnen aus der Zeit des Prinzen Eugen von Savoyen.

A white flag and three blue were captured by the French at the surrender of the garrison of Ivrea. A detachment of this regiment was showed at the defensive garrison of the fortress in the summer of 1704.

▼ **Hartschiere, ca. 1700.** La guardia del corpo degli imperatori d'Asburgo era formata da solo 200 uomini delle compagnie dei Trabanten e degli Hartschieren, ma più che veri e propri reparti militari si trattava di corpi di palazzo, adibiti al servizio di scorta al sovrano e per la guardia alla residenza di Schönbrunn.

An Imperial Hartschiere, about 1700. The special Guard of Kaiser

G2) Kompanie-Fahne, Reg.t zu Fuss De Wendt (42), fino al 1705.

Sources: K.P.Boldberg, Bemalungsangaben für die Zeit des Spanischen Erbfolge-krieges.

G3) Kompanie-Fahne, Reg.t zu Fuss Thürheim (33), dopo il 1705.

Sources: A.Mell, Fahnen aus der Zeit des Prinzen Eugen von Savoyen.
Up to 1933 this flag was still stored in the castle of the Counts of Thürheim at Weinberg.

G4) Kompanie-Fahne, Reg.t zu Fuss Deutschmeister (31), 1711.

Sources: "Les Triomphes du Roy Louis le Grand XIV du nom, Représentés par le Drapeux qui ont ètè pris sur l'Ennemis..." in: A.Mell, Fahnen aus der Zeit des Prinzen Eugen von Savoyen.
This flag went lost during the battle of Denain, (July 24 th 1712) and it probably belonged to the Deutchmeister (31) or Holstein (17) regiments, that in this battle suffered the greatest losses.

H1) Leibfahne e Kompanie-fahne, Reg.t zu Fuss Harrach (14)

Sources: "Les Triomphes du Roy Louis le Grand XIV du nom, Représentés par le Drapeux qui ont ètè pris sur l'Ennemis..." in: A.Mell, Fahnen aus der Zeit des Prinzen Eugen von Savoyen.
After the capitulation of Vercelli, July 20th 1704, the French-Spaniards soldiers of the duke of Vendome captured 10 flags belonging to the only imperial infantry in garrison. Six of these flags - one in white and the other with red field - had a hem of four colors, the others only of three. The regiment belongs, up to January of that year, to the General Wachtmeister Lorenzo Solari, fallen in the battle of Castelnuovo sul Bormida. The new Obrist Inhaber painted his flags on the colors of his coat of arms. The Recto of the Leibfahne is a hypothesis of reconstruction.

H2- Kompanie-Fahne, Reg.t zu Fuss Roth; Schwäbischer Kreis (SW3), ca.1703.

Sources: K.P.Boldberg, Bemalungsangaben für die Zeit des Spanischen Erbfolge-krieges.

The coat of arms represents the weapon of the knighthood of Swabia, adopted from the circle at the end of the XVII century. Until October of 1702 the regiment belonged to the count of Fürstenberg-Mosskirch.

H3- Kompanie-Fahne, Reg.t zu Fuss Ansbach; Fränkischer Kreis (F3).

Sources: "Les Triomphes du Roy Louis le Grand XIV du nom, Représentés par le Drapeux qui ont ètè pris sur l'Ennemis..." in: A.Mell, Fahnen aus der Zeit des Prinzen Eugen von Savoyen.

The circle of Franconia regiment lost this flag during the battle of Friedlingen (October 14 th 1702).

H4- Kompanie-Fahne, Reg.t zu Fuss Thost; Fränkischer Kreis (F4), ca.1703

Sources: A.Kuhn, Der Fränkischer Reichskreis, seine funktionerende Kreisrtustung zur Reichsarmèe.

This regiment of the duke of Schwarzburg-Reuss, were rented to the Frankreich circle in 1702. The white-red colors are the dynastic of the Reuss house.

◄ La carica della fanteria alleata alla battaglia di Blenheim-Höchstädt

The charge of allied infantry on the battlefield of Blenheim-Höchstädt

▼ Campo di addestramento di un reggimento di fanteria verso il 1710. Illustrazione da Feldzüge des Prinzen Eugen von Savoyen; Vienna 1876.

Imperial military field 1701 about. From an illustration of Feldzüge des Prinzen Eugen von Savoyen; Vienna 1876

TITOLI PUBBLICATI - ALREADY PUBLISHING